神社チャネリング旅行記

神さまと縁むすび！

AROMA VISION主宰
齊藤帆乃花

ナチュラルスピリット

神さまと縁むすび！〜神社チャネリング旅行記　目次

その一　神さまとご縁をむすぶまで

その二　神さまをチャネリングした神社の旅（前編）

その三　神さま教えて！　知って嬉しいQ&A

その四　神さまの声を聞く神社の旅（後編）

その五　アロマで神さまとご縁をつなごう

その一　神さまとご縁をむすぶまで

はじめて神さまの声を聞く

私がはじめて神社で神さまの声を聞いたのは、「縁むすびの神さま」として有名な、島根県の**出雲大社**にはじめて参拝した時のこと。一緒に行った友人から、

「帆乃花ちゃんなら神さまと話せるはずだよ」

と、思いがけない言葉をかけられたのでした。

実は、私は十五年以上もアロマ（アロマセラピーの略）のお仕事をしていますが、そのおかげで五感が開いて、六感以上の目に見えない領域をとらえるようになり、アロマを使うリーディングのセッションなどをしていたので、友人がそう声をかけてくれたのでした。

とはいうものの、私はその当時は「神さまと話したい」などとは少しも思っていませんでした。それができるかどうかを疑っていたというよりも、なんだか畏れ多い気がしていたからです。

ところが、出雲大社の大鳥居をくぐって長い参道を歩いている時に、なぜか無性に懐かしい気持ちがこみ上げてきました。出雲大社を訪れるのははじめてなのに、胸がジーンとしてきて、気が付けば涙が出そうになっていたのです。

とても深く優しい声で「待っていた」「そなたが来るのを待っていた」という声が聞こえ

てきました。

とっさに頭の中で、「ようやく帰って来ました」と言っていました。

「私はあなたのことをわかっています。安心してください」

という言葉も。

すると、「誤解」という言葉と共に悲しみの気持ちがこみあげてきました。「誤解」がどういうことかは、この神社旅の最後に詳しく書きますが、私はなぜかその「誤解」の意味と、この神さまが**スサノオノミコト**であるということがわかっていました。

「いったいなんなんだろう、これは……」

とにかく予想外の出来事に驚いていました。

出雲から帰ってからも、その出来事は誰にも話さず、しまいには自分でも忘れていました。

それから三年後。仲良しの友人と小旅行に出かけた時のことです。

友人といろいろな話をするうちに当時の出来事を思い出して、はじめて打ち明けてみました。

すると、その時に訪れていた奈良県の**橿原**《かしはら》**神宮**で、

「ねえ、帆乃花ちゃん。神さまがなんて言ってるかチャネってみて！」

と、友人から言われたのです。

ちなみに「チャネる」というのは、「チャネリングする」の省略で、チャネリングという

のは、「高次の存在と意識を通じて交信を行うための方法」として一般的には知られています。

私は、「出雲では勝手に言葉が入ってきただけだし、できないよ」とやんわり断りましたが、友人たちは、「だってセッションでやってるんだから、できるでしょ！」「やってみよう！」と、乗り気でない私をよそに盛り上がっているのです。

もうこれも何かの流れだろうと観念し、「できるかどうかわからないけど、やってみるね」と、友人ふたりに見守られながらチャネリングを試みました。そうして神さまから、次のようなメッセージを受け取りました。

「誉《ほま》れ高くあれば、広く世に出る。誉れを忘れてはならない」

「誉れ」というのは、私が辞書を引いたところによれば、「評価、評判、名誉」のことをあらわしている言葉なのだそうです。つまり、橿原神宮の神さまがおっしゃるには、「名誉というのは〝誉れ〟をもって成り立ち、誉れがあれば、世に名が出る」ということなのだそうです。

自分本位で自己中心的な発想や発信は、名誉ある結果にはつながらない。

なるほど、誉れ高くあるというのはそういうことだったんだと、頷き感心していたら、隣で友人たちもうんうんと興味深そうに聞いてくれています。

「きっとこの旅はこんな感じになるんだろうな」

と思いながらも、これから先約一年半に及ぶ「神さまとのチャネリングの旅」がここから始まろうとは、その時はまだ思いもしなかったのです。

神さまとのご縁をむすぶアロマ

先に書いた通り、私は十五年以上もアロマを使っていますが、アロマで自分自身の五感が開いたことによって、神さまとのご縁を深めることができました。

普段クライアントさまのセルフケアに使用しているアロマの精油は、素晴らしく質の高い「生きたアロマ」ですから、そのボトルの中には植物の精霊（スピリット）が存在します。そして、アロマの香りが立ち昇れば、神さまがいらっしゃる層にまで届くのです。鼻から入っていったときには、脳や細胞の奥深い所まで香りが行き渡るのがわかります。

「アロマの質が高い」ということは、「その分子が細かい」ということになります。

このような素晴らしいアロマと出合って、植物のスピリットと交流してきたことが、神さまと私をつながりやすくしたのです。

しかし、これは私だけに備わっている能力ではなく、人間が本来持っている五感という五つの感覚が広がれば、誰にでも見えないものを感じ取れるようになるのだと思います。さらに言えば、みなさんが認識していないだけで、すでに感じている人もたくさんいらっしゃると思います。

「信じる」という言葉がありますが、あると思えばあり、ないと思えばないことになりますから、神さまがいらっしゃると信じている時点で、それはいらっしゃることになります。いるかいないかのどちらが正しいかはここでは問題ではありませんし、私自身は神社や自然の中に神さまは存在しているという世界を選択して、その世界を楽しんで生きているのです。

本書の読み方

この本の中では、私が日本各地のご縁ある神社で、神さまから受け取ってきたメッセージをお伝えしてまいります。なるべくわかりやすく読んでいただくために、私なりの解釈を付けていますが、基本的には文中に記している「神さまの言葉」を、みなさんがご自分なりにとらえていただくのがよろしいかと思います。

実は、友人たちと最初に訪れた橿原神宮と天河《てんかわ》神社の旅から帰ってきたあと、「次はどの神社に行く？　それもチャネってみたらいいんじゃない？」という友人たちのリクエストがあり、私は瞑想しながら、神さまに「どこへ行くべきか」を聞いてみたところ、ビジョンに日本地図が浮かびました。

その日本地図には縦線と横線が引かれていて、赤色と青色で色分けされていました。それと同時に「フォッサマグナ」という言葉が出てきました。この言葉とビジョンに浮かんだ地図は何か関係があるのだろうと思いながら、ビジョンの地図を忘れないように記憶しました。その地図から直観的におおよその行くべき場所がわかったので、瞑想後に実際の地図でその場所に神社があるか調べてみました。すべてではないですが、訪れる神社はそうして決めました。

ここでは「フォッサマグナ」という言葉とその場所の関連性には触れませんが、私にとっては知る必要のあるメッセージだったと思います。

神さまの言葉は、広くみなさんの人生においてもプラスとなる言葉ばかりです。素直にそのまま感じたことを受け取ってみてください。

神さまによってはメッセージがたったひと言で終わってしまうこともあるのですが、本質に近づけば言葉はシンプルになるものです。短くてもじっくり読んでいくと、その深さを感じられると思います。

また、神社の雰囲気や、神社でのエピソードなどもお伝えしていきますので、ぜひ一緒に神社を巡っている気分で読んでみてくださいね。

本の素敵な挿絵を描いてくれたのは、イラストレーターの堀尾恵さんです。絵からも素晴らしい神さまの波動を感じていただけると思います。

それではいよいよ、楽しい旅の始まりです！

（編注）
本書に登場する人物のお名前は、仮名にさせていただいています。
一部、人物を統合しているところがありますが、会話自体は事実に基づくものです。

その二　神さまをチャネリングした神社の旅（前編）

《奈良》

天《てん》河《かわ》神社

――自らの個性を見出し、神さまに奉納する

厳しい神さまに、思わずひれ伏す

奈良県吉野の天河神社は、ひと言でいえば「ご縁がある人しか参拝できない神社」です。なぜなら、神社とご縁のない人は、たどり着くこともできないと言われているからです。神社があるのは、くねくねとした細い山道の先なので、真冬になれば雪で道が閉ざされてしまうこともあり、参拝できるかどうかで、まずご縁があるかどうかがわかると思います。

この時は私と友人のリカ、みえこの三人でチャネリングの旅に出発しました。奈良駅からレンタカーを借りて神社へ向かいましたが、くねくねとした山道は車が一台やっと通れるような場所も多くて、「確かに冬の参拝は大変そう」と感じました。

でも、車の運転が大変だったことを除けば、自然が多い山の旅は清々しく、東京からはる

ばる来てよかったと思いました。

神社に着くと、駐車場に車を停め、早速拝殿へ向かいました。

ここは拝殿が独特の造りになっていて、上まで階段式になっているので、神さまの場所が拝殿から見えません。ここで行われている「昇殿参拝」というのは、まず拝殿に上がり、その後、名前を呼ばれた順に参拝者が階段を途中まで上がって、ご神域ギリギリまで行く作法のことです。靴を脱いで拝殿に立つと、もうそれだけでどこかピリッとした空気が伝わってきます。

そこで、なぜか私は立っていられなくなり、額を床の上にビターッとつけて、ひれ伏したのでした。

それを見た友人は最初、私が何かに憑かれたのかと思ったそうです（笑）。

みえこ「帆乃花ちゃん、どうしたの!?」

帆乃花「わかんない！　体が勝手に……」

こう答えたつもりなのに、声が全然出ていません。

リカ「帆乃花ちゃん、大げさなんだからー」

みえこ「私たちもそうしたほうがいい？」

と、ツッコミを入れられてもひれ伏すのがやめられません。仕方がないので、そのまま自分の名を名乗り、ご挨拶をしていました。

すると、

神さま「そなたは何者であるか」

と、ドスの効いた神さまの声が聞こえてきました。

帆乃花「どうしよう。すごい神さま」

と同時に、仙人のようなお年寄りの神さまがビジョンで浮かびました。

ここで少し解説しておきます。私がいわゆる「神さまのビジョン」を見る際には、自分の眉間のあたりの空間にカラー映像で見ています。

この時のドスの効いた**「そなたは何者か」**には、さすがにビビってしまいました。

そのあとにも、

神さま「そなたの個性は何か？　自らの個性を見出し、神に差し出されよ」

という、ひれ伏す私に追い打ちをかけるようなメッセージが次々に降りてきたのです。

つまり、神さまの意図されることはこういうことだと思います。

そなたは自分自身を見つめ、「個性」を見つけ出して、自分が何者であるかを神に示しなさいと。

その時、私はようやくピン！　ときました。

「奉納って〝個性を差し出す〟ということだったんだ！」

ということが頭の中にひらめいたのです。

帆乃花「でも、私の個性って、何？」

改めて聞かれると、なかなか答えを出すのが難しいと感じました。

ですから、チャネリングをしたあとは、しばらく放心状態になっていました。

でも、人一倍怖いものだけに敏感な体質のリカが、
リカ「ここは神さまが厳しすぎるから東京に帰りたい」

と、突然わめき出したのにはびっくりしました。

正直言えば、彼女に同感でした（笑）。私も一目散に逃げ出したいところでしたが、一泊して翌日、旅の目的である祈禱を受けることになっていたので、ここで彼女ひとりだけを帰らせるわけにはいかなかったのです。

～天河神社の神さまの言葉～

そなたは何者であるか？　そなたの個性は何か？

自らの個性を自らで見出し、神に差し出されよ。

差し出したなら、世に出すべきか出さぬべきかは、神が決める。


〈言葉の意味〉

神社における「奉納」というのは、一般的には神さまにお金やお酒を差し上げることを言いますが、ここ天河神社では違います。みなさんが自分の個性を見出して、神さまの前で個性を宣言してほしいと神さまは求められているからです。

そんなわけで、「自分が何者か知らない」というような人がこちらを参拝しても、神さまとはつながりません。ご神前で個人的なお願いごとをしても構わないのですが、何も奉納せずにご利益だけを求めても、神さまは答えてはくれません。

さらにこの神さまが厳しいと感じたのは、個性を差し出せばそれで終わりではないということです。

最後に神さまは、

「差し出したなら、世に出すべきか神が決める」

とおっしゃっていましたから、個性を世に出すかどうかを決定されるのは神さまだということです。個性を差し出したら、その先はもう人智が及ばない次元に入っていくのでしょう。

世に知られざる「奉納」の意味

翌朝七時。祈禱開始の太鼓の音を聞きながら、私たちは緊張しながら拝殿へ上がりました。

昨晩みんなで、神さまに奉納をするための作戦会議を開きましたが、それでもまだ少し緊張していました。

散々帰りたいと駄々をこねていた友人のリカは、まだ怖がっていました。

でも、拝殿に上がると、そこで予想外の面白い出来事が起こりました。なんと昨日と打って変わり、神社がほのぼのとした雰囲気になっていたのでした。

昨日とのあまりの違いに「失礼ながら、同じ神さまですか？」と、聞きたくなったほどでした。

帆乃花「私たち、歓迎されているみたいだよ」

と言うと、
リカ「ほんとに？」

と、怖がりのリカは当然ですが、まだ疑っています。

でも、額に浮かんだビジョンでも、神さまが優しく微笑まれているのが見えます。疑いようもなく歓迎されているのです。

帆乃花「私たちが奉納する個性を決めてきたこと、神さまはわかってるよ」

と、私が小声で伝えると、ふたりはあからさまにホッとした顔をしていました。

ひと安心したところで、祈禱の始まり。神主さんが祝詞《のりと》を読み上げ、そのあとに名前を呼ばれた人から順番に段上に上がっていきます。

いよいよ私の番が来ました。

神さま「よくぞここまで来た。よくやった」

という神さまの声が。優しく柔らかい声だったので、泣きそうになりました。そこで私は、「私、齊藤帆乃花は、周りの人々の幸せのためにできることをします。持っている能力を活かし、大切なことを発信していきます。私自身とたくさんの方々と神さまの、すべての喜びとなるよう貢献します。どうぞ私を使ってください」と言いました。「いい過ぎた？」と思いましたが、

神さま「決めればあとは楽になる。ここからはすべて自由」

と言葉が降りてきたので、「聞き入れられた」とわかりました。

帆乃花「よかった」

そうつぶやくと、さらに、

神さま「平安あるのみ。この世の天国」

というメッセージが降りてきたのでした。

と同時に、目の前のご神域にパーッと光がさして、なんとそこに二羽の鳩が降り立ったのです！　びっくりして目をこすりましたが、隣でリカが、「見て、鳩が降りてきたよ！」と、大興奮しています。

帆乃花「シッ、ご祈禱中だから」

と言いながらも、あまりに神々しい風景に自然に涙が出ていました。

～天河神社の神さまの言葉～

決めればあとは楽になる。ここからはすべて自由。平安あるのみ。この世の天国。自ら閉じるな。自ら尻込みするな。自ら引くな。自らを過小評価するな。さすれば、世に出してやろうぞ。ここから先は、神の力を見よ。

〈言葉の意味〉

自分の中に個性を見出して、それを神の前で宣言すること。尻込みをせずに、正々堂々と胸を張って行動すれば、神さまは「あとは自分が世に出すか決める」とおっしゃってくれています。

「ここから先は神の力を見よ」

この言葉が示すのは、みなさんが奉納した個性を、神さまが何がしかの形で支援しますということなのです。個性が受け入れられれば、何か人智を超える力を感じられるはずです。

神さまからチャンスを与えられてこそ活かせるのが人の個性。天河神社の神さまは、私たちが個性を磨いたときにこそ頼りになってくれる、強い味方なのです。

金銀二頭の龍があらわす世の道理

私たちがお参りに行ったこの日は、天河神社の建物全体に後光がさして見えました。そして境内に、下から上へと立ち昇るようなエネルギーの流れを感じたのです。

このエネルギーの正体こそ「龍」なのでしょう。この場所には金銀二頭の龍がいるのが見えました。

天河神社は、日本全国でもとりわけ貴重な龍神スポットだと私は思います。

龍は、細い胴体をしていて動きが素早い感じで、二頭が空で交じり合い、キラキラとプラチナ色に輝いて、友人たちにもビジョンをそのまま見せたいくらいきれいでした。

ところで、「金」「銀」の二色にも意味があるそうです。

この日チャネリングで受け取ったメッセージによれば、「銀」は「人の道」をあらわし、「金」は「神さまの道」をあらわしているそうです。

つまり、「金」「銀」の二頭の龍は、人間のエネルギーに神の力が加わり、三次元で現象化するという、世の中の道理をあらわしているのです。

天河神社は、人が個性を奉納しに行く場所なので、人生に迷っている途中よりは、自分らしく生きようと決めたタイミングで訪れるのがよいでしょう。

観光のついでなどではなく、しっかりと時間を確保して参拝したい場所です。ご祈禱もぜひ受けられることをオススメします。ここはご神域に近く、清々しい気持ちで祈願できるはずです。

《長野》

諏訪《すわ》大社

——未来の希望に向かって目いっぱいハートを開こう

ご神木が神社の元気のバロメーター

信濃国一之宮の諏訪大社にリカとみえこと訪れました。ここは、日本国内で「最古」といわれている神社です。

ちなみに「一之宮」というのは神社用語で、古くは律令《りつりょう》時代にその地域でもっとも社格が高かった神社のことを指しているのです。

ここを訪れる前にリーディングで見た情報によれば、この諏訪湖を中心として、地域全体が日本の重要なエネルギーラインの交差するところ（レイライン）にあたりますが、そのエネルギーの流れに今は滞りがあるということです。

諏訪が地元というリカと一緒に、まずは諏訪大社の上社前宮《まえみや》へ行きました。

あらかじめ説明しておくと、諏訪大社は、諏訪湖の周りに四つの社殿が建っているので、歩いてまわろうとすれば、おそらくは一日がかりです。

上社前宮の入り口から階段を上がり少し歩いて行くと、きれいな小川の横に拝殿があらわれます。いつも通りに、自分の名前を神さまに名乗ってご挨拶しました。チャネリングをして神さまにつながろうとしますが、ビジョンが何も見えてきません。

帆乃花「たぶんこちらの神さまは自然の中に存在する感じ。この〝場〟から読み取っていくね」

ところが、「場」につなごうとしても、電波が途切れるというか、どうも入りが悪い感じがします。

「もしや」と思って振り返ってみると、やはり思った通り、神社の境内のご神木が元気をなくしていたのです。

リカにそのことを告げると、「後ろにもご神木があるんだけど」と言って、拝殿の後ろに連れて行ってくれました。その場所でもう一度試すと、メッセージが降りてきました。

帆乃花「神社のご神木が弱っているってことは、神社とこの土地のパワーダウンでもあるよね。もっと言うと日本全体にも影響するかもしれない」

いつになく力説していると、

リカ「言われてみれば、前にここに来た時よりも元気がなくなっているかもしれない」

ということでした。私たちは、「元気になってほしい！」という祈りと共にその場をあとにしました。

～諏訪大社　上社前宮の神さまの言葉～

雷で火がおこる。発光する、そのもとは生命の源。自分の源を見よ。うちにうちに向かっていくと、途中に闇がある。そこを通過していくと明るく温かい世界。これが胸。より広くて温かい世界。愛。これからの時代は愛、ハートの時代。

〈言葉の意味〉

この「場」からのメッセージは、私たちが自分のハートを開くためには、まずは心と向き合うことが大事ということでしょう。**「うちにうちに向かっていくと、途中に闇がある」**という言葉は、自分の心と向き合い、隠していた心の傷などの触れたくないものを見るようにということです。心の闇をじっくりと見つめてみれば、その先に光が見えてきます。「闇」がなければ、そこにまた「光」もないからです。

その次の**「明るく温かい世界」「愛」**という言葉は、みなさんの清らかな魂が持つ、本来の輝きを示している言葉です。これからますます自分のハートを感じ、開いていく時代に突入していくということなのです。

おそらくは、この前宮が、諏訪大社でいちばん大切にしなければならない要と呼べる場所なのです。本来ならば人がむやみに踏み入ってはいけないとも感じましたが、それでも参拝するなら、自然（山・川・ご神木など）に敬意を払い、清らかな気持ちで手を合わせるとよいでしょう。

諏訪湖に流れ込む清々しいエネルギー

前宮の次に上社本宮《ほんみや》を訪れました。もう夕方五時近くになっていたので、参拝者はほとんどいません。

「東参道」と呼ばれる鳥居をくぐり、「布橋」という廊下を歩いて行くのですが、ここでもうすでに気持ちのいい空気を感じます。そして見えてくるのが拝殿です。前方と右側からはものすごく清々しい気が流れてきます。私は気持ちいいままにボーッと立っていましたが、ハッとわれに返ると、その拝殿の向きが不自然に思えました。

帆乃花「あれ？　もしかしてこの拝殿は前宮のほうに向いてる？」

前宮は、先ほど訪れた諏訪大社の要となる場所のことです。

リカは、「調べるね！」とスマホを見ています。こういうとき、いつも調べものをしてくれるリカは心強い存在です。

そして予想通り、拝殿が前宮を向いているとわかりましたが、気になったのは、その後ろに見えたビジョンです。

それが川なのか滝なのかはよくわかりませんが、右手の方向に見える山から清らかな水がザーッと流れてくるのが見えてきました。どうやらその水が諏訪湖のほうに流れ込んでいるようで、そのおかげでこの上社本宮は、その水と清々しいエネルギーが充満しているのです。

拝殿の向きにも、それなりに意味があるのでした。

帆乃花「御神体は山。水について教わったよ」

と言うと、

リカ「へぇ～、水？　それは旅館でゆっくり聞きたい！」

と心ここにあらず、です。みんなお腹がペコペコだったので、急いで旅館に向かいました（笑）。

〜諏訪大社　上社本宮の神さまの言葉〜

水は際限がなく、すべての要素、情報が含まれている。
水は鏡。写し、清め、流れるもの。そして静止するもの。

〈言葉の意味〉

私が日ごろ接しているアロマの世界に「水」は大いに関係しています。

人体は約七割が水でできているといわれていますが、その水の中には血液やリンパ液なども含まれています。私たちの体が機能するためには、まず体の中をエネルギー（神経）が先に走り、そのあとに血液やリンパ液などが流れていきます。そしてエネルギー情報が血液などに転写されて、そこから細胞が生まれているのではないかと私は思っています。

ですから、みなさんが何かしらのストレスを感じたときは、その情報が神経を通して全身に伝わっており、血液やリンパ液にも影響を与えているので、その影響を受けた細胞が体に病気を作り出してしまうのです。

同じように海に囲まれた地球も、海や川が汚染されれば、いずれ地球全体が病気になってしまうのです。

「幸福」のピンクのエネルギー

翌日の朝には、諏訪大社の残り二社、下社秋宮《あきみや》と春宮《はるみや》に向かいました。この二社は、前日に訪れた二つの社殿とは諏訪湖を挟んだ向かい側に建っています。

私がここで感じたのは、

- 本宮は「男性」
- 秋宮は「女性」
- 前宮は「親」
- 春宮は「子ども」

というような雰囲気があるということでした。

下社秋宮をお参りしていると、ビジョンにピンク色のお花畑がパッと見えました。

これは女性的なイメージの通りだな、と思いました。

リカ「じゃあ、ここは恋愛のパワースポットなの？」

と、リカから鋭い質問が。それを聞いた私は、

帆乃花「んー、恋愛というか……」

と言いながら、あることに気付きました。ピンク色を感じるのは、本宮からきたエネルギーが、ここ秋宮の拝殿に流れてきて花が咲いているということ。

本宮と秋宮という男女の交流からもたらされる幸福感という感じなのです。それを聞いたリカは、

リカ「男女の交流って、もしかして……」

と、にやにやしながらツッコミます（笑）。

帆乃花「人間に例えればそうかもしれないね。男女というエネルギーが交わることによって、新たなものが生まれるという幸せ感だから」

ここ秋宮は、華やかさがありながら格の高い神社らしく

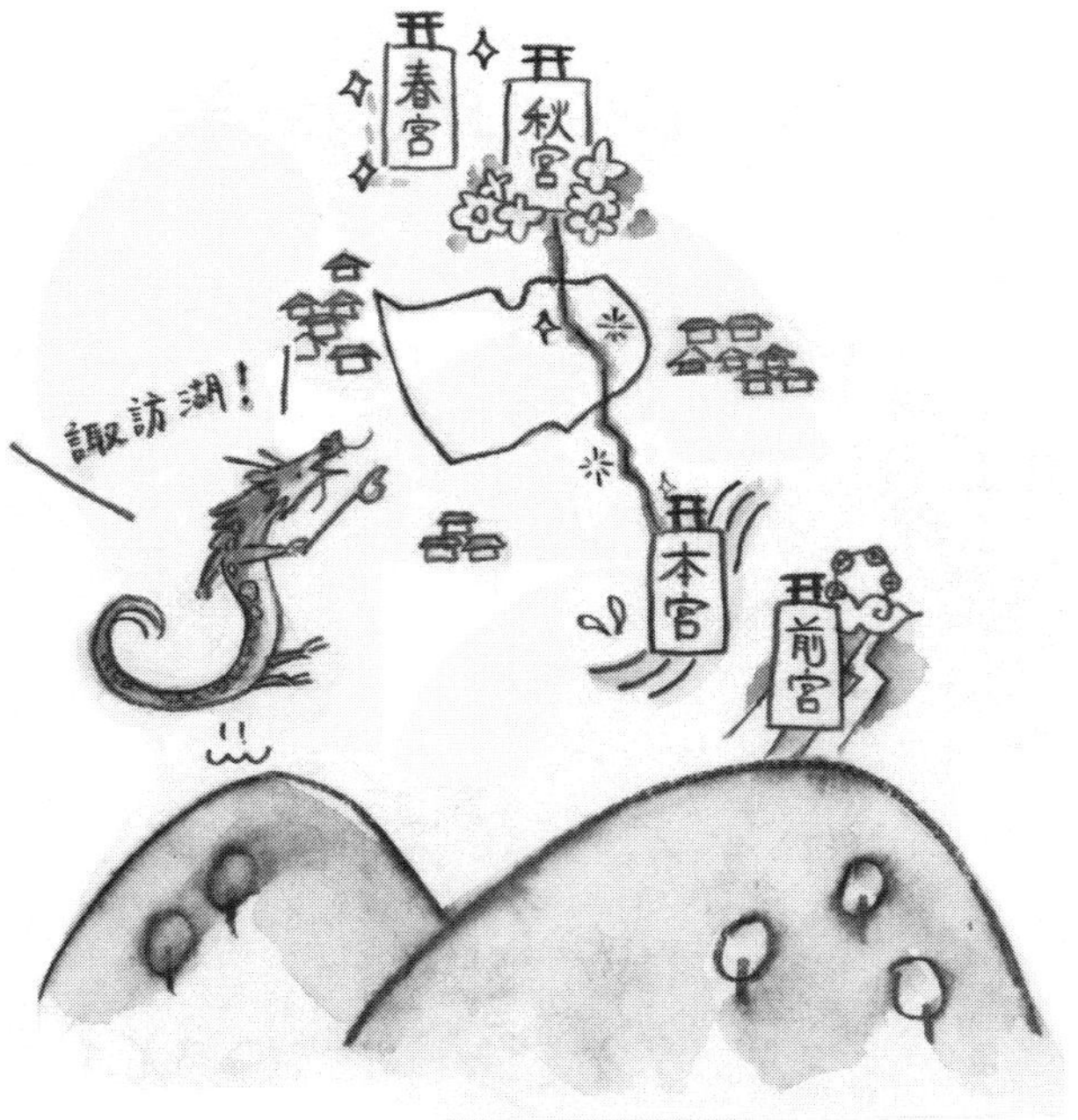

厳かさもあり、女性のみなさんには特に参拝されることをオススメします。

～諏訪大社　下社秋宮の神さまの言葉～

平定。物事を平らくする。平らくすると平和が訪れる。
五穀豊穣。子宝。

〈言葉の意味〉

「平定」の意味を辞書で引いたところ、「反乱をしずめること」という意味が出てきました。でも、この時代に神さまが「反乱をしずめなさい」と言うのはおかしいと思うので、少し違う意味のようです。

私が考えた平定というのは「ゼロに戻る」という意味になります。

あらゆる物事が「ゼロ」、つまり「ニュートラルな状態」になって、この世に晴れて平和が訪れます。そして実りの秋が来て**「五穀豊穣」「子宝」**に恵まれれば、豊かで幸せな現実が訪れるということです。

子どもの気分でリフレッシュ！

最後に下社春宮を訪れました。神社の鳥居をくぐった瞬間、「うわっ、エネルギーが軽い！」という印象で、まるではしゃいでいる子どものような、風のような軽やかさで、明らかに他の神社とは感じが違っていました。

この日は四社参りの最終日。ヘトヘトに疲れていたはずの友人も、「なんだか気持ちいい」と、急に清々しい顔つきになり、心なしか若返って見えたのです。それはきっとこの場所が、疲れた心や体のリフレッシュに効いたからなのでしょう。

私はここでも神さまとチャネリングをするつもりでしたが、「もういいや。集中力なくなったし、や〜めた！」と、やめてしまいました（笑）。

ここに来れば、誰でも子どもみたいに「今」という瞬間が楽しめるようになります。未来への不安なども消えてしまうのです。

ですから、周りが見えなくなってしまった人や、煮詰まった気分をリセットしたいと願う人にこそ、ここへのご参拝をオススメいたします。

これは私が自分で検証した結果ですが、諏訪大社を参拝するなら、体ならしの意味でも、エネルギーが軽い春宮からお参りをスタートするのがよいと思います。それからあとは順に、「秋宮、本宮、前宮」（子→女→男→親）という順番でお参りするとよいでしょう。

諏訪湖一帯が「小宇宙」!?

真冬になると、「御神渡り《おみわた》」が起こることで有名な湖が、諏訪湖です。

御神渡りは、凍っている湖にビキビキと亀裂が走って氷が盛り上がり、その上を神さまが渡っているように見えるという自然現象のことですが、それが単なる自然現象ではなく、実際に四社のエネルギーが交流しているというのはあまり知られていません。

さらにこれは神社に行ったあとでわかったことですが、日本列島を新潟から静岡までの縦に分断する断層と、茨城から熊本のあたりへ延びている横の断層（中央構造線）が、どうやら諏訪湖上で交差しているようなのです。

それがどういうことかというと、私も専門的にはわかりかねるのですが、明らかに他の場所とエネルギーバランスが違うと思っています。

その体感としては、諏訪湖一帯が「小宇宙」となっており、重力が違う、という感じです。そしておそらく、諏訪湖の近くにある「分杭峠」という場所でも同じようなことが起きているようなのです。

分杭峠に行っても何も感じなかった、という人もいますが、それでも面白いことに、そういう人でも無意識のうちに体が感じて変わっているのです。

私はこれまでずっとアロマを使って五感を整えてきましたから、体で感じることが正解だとわかりますが、みなさんも知識よりはまず感じてみることが大事だと思います。本来の自分を取り戻したいと感じるときや、新たなスタートラインに立ったとき、そして人生をリセットしたいときなどに、諏訪大社に参拝してみるとよいと思います。

《長野》

戸隠《とがくし》神社

――心の戸を外して、神の国に飛べ！

青龍が放つ浄化のエネルギー

長野の戸隠神社は、かの有名な「天岩戸伝説《あまのいわと》」ゆかりの土地とされています。

日本神話によれば、アマテラスオオミカミさまが岩屋の中に隠れてしまい、世の中が真っ暗闇になってしまった時に、それを見て困った神々が、どうにかして岩屋の外に出そうと話し合ったそうです。

そこで思いついたのが、岩戸の前で楽しくどんちゃん騒ぎをして、アマテラスが気になって岩戸を開けたところで、その戸を取り払うという作戦でしたが、その計画通りにアマテラスが岩屋の外をふと覗いた時に、アメノタヂカラオという怪力の神さまが、岩戸をひょいと取って下界へ投げ捨てました。

この時に投げ捨てた戸が落ちた場所が、戸隠山だという言い伝えなのです。

さて、この戸隠山には五社も社殿が建っていますから、一日ではゆっくり参拝するのは難しいと思います。私たちは参拝の前日入りをして、山の中腹にある宿坊に泊まり、翌日のために体力を備えておきました。広い山なので、行けるところはレンタカーでまわることにしました。

最初、山の下から行こうとしていましたが、朝に宿坊のご主人が、「宿に近い中社《ちゅうしゃ》からまわるといいよ」とアドバイスをくれたので、その通りに行くことにしました。中社は山の中腹のため、最初に行く人は少ないのではないかと思うのですが、宿坊に泊まる人はそうするとよいでしょう。

なぜなら、中社は浄化エネルギーが高い神社なので、朝から参拝するのにぴったりだからです。

帆乃花「気持ちいい〜」

と、背伸びして深呼吸をしました。空気が清らかで都会の空気とは違います。

神社のオーラの色がブルーに見えましたが、同じくブルーの龍がいるのが見えました。その頭の部分だけがゴールドです。

みえこ「向こうにある宝物館の名前が〝青龍殿〟っていうんだって！」

と、みえこに教えられて、なんだか答え合わせができたような気がしました。

このあと、戸隠山にはメインの奥社と九頭龍社《くずりゅうしゃ》が控えているのですが、中社が私のお気に入りスポットです。

昨晩、みんなで盛り上がったせいで、寝不足でボーッとしながら中社に足を踏み入れましたが、そのとたんに元気になりました。拝殿の奥に流れている小さな滝やご神木の三本杉など、神社全体に流れているエネルギーが別格だからなのですが、それにしても、私のあまりの変わりように、
リカ「なにそれ、朝と全然違うよ」

と、笑われてしまいました。


中社で見た青龍にチャネリングをすると、浄化についての教えをいただきました。

青龍の教えはこうです。

まず、浄化のために必要となるのは、自分の中にある「不浄な部分」に目を向けるということです。それが何かをまず明確にしないと、本当の浄化は起こらない、ということ。

「私のこの部分を清めてください」

と、明確にお願いすれば、神さまは力を発揮してくださいます。

なんだかわからないけれどモヤモヤする、という人は、中社での滞在時間を長めに取り、

自分のモヤモヤが何かを洗い出してみるのがよいでしょう。

龍神さまとご対面！

朝に山の中腹から参拝を始めた私たちは、次に下山して、まず火之御子社《ひのみこしゃ》、宝光社《ほうこうしゃ》をまわり、そのあとでぐるっとUターンして、山の上にある九頭龍社と奥社《おくしゃ》を目指しました。

途中、九頭龍社までの道で車が進入禁止となったので、残り四キロメートルの道のりを歩くことになりました。

ここは、昔は女人禁制だったそうなのですが、最近では山ガールにも人気のスポットとなっています。山ガールでなくとも、戸隠山の自然の素晴らしさを感じずにはいられないと思います。

今、こうして無事に参拝できることに感謝です。

鳥居をくぐり、しばらく歩くときつい上り坂の山道が続きます。

みえこ「もう疲れてきたー」

と、みえこが弱音をもらし始めました。

帆乃花「ひと休みしたいよね」

と、私もついポロリ。運動不足の体に山道がこたえます。

でも、必死に歩いていたため、そのうち頭はからっぽになり、歩きながら瞑想しているような感覚になりました。

山道を登り切り、九頭龍社の前に着いたその時です。私が、「やっと着いたねー」と言い、手を合わせようとすると、なんと目の前に、パカッと大口を開けた龍がいたのです。

信じられない迫力でした。とはいえ、実物であるはずがないので、ビジョンだとわかりながらも、

帆乃花「うわ！」

と大声をあげていました。

龍は、人間がパクッとひと口で食べられてしまいそうな大きさです。

帆乃花「怒ってるんじゃないよね？」

私はビジョンの中で確認しながら、拝殿に近寄っていくふたりに、

帆乃花「すっごい大きい龍神さまがいるよ。口開けてる！」

と言うと、

みえこ「このあたり？」

と、ふたりは恐れるどころか龍の顔面ギリギリまで近付いて、

みえこ「よーしよしよし！」

と、ムツゴロウさんのように龍の頭を撫でるという暴挙に出ました（笑）。

思わず「おいおい」とツッコまずにはいられません。

それにしても、頭と顔だけでも社殿より大きな龍神さまです。胴体と尻尾まで含めると、戸隠山全体のサイズと同じくらいはあると思います。

リカ「ここには龍神さましかいらっしゃらないの？」

と、リカに鋭いツッコミを受けたので、
帆乃花「ちょっと待って」

とチャネリングしてみましたが、確かに他に神さまはいらっしゃいませんでした。

帆乃花「うーん。やっぱり山自体が龍神さまだから、その他にはいないみたい」

そしてさらに、
帆乃花「そのエネルギーを感じて、昔の人が社殿を造ったんだと思う」

と付け加えておきました。話したその瞬間、口を開けた龍から、

龍神さま「飛べば龍。落ちれば蛇《じゃ》」

というメッセージが降りてきたのでした。

帆乃花「うわー、なんかかっこいいセリフ！」

と、私は興奮していましたが、よく考えてみれば、飛んで「神の国」へ行くのか、落ちて「蛇の道」を行くのかという厳しいメッセージです。大丈夫でしょうか？

帆乃花「ここは覚悟を決めるしかない」

と、最後の目的地の隣の奥社へ進みます。

～戸隠神社　九頭龍社の神さまの言葉～

飛べば龍。落ちれば蛇。蛇とは苦難の道をいう。

〈言葉の意味〉

戸隠山の山道は、みなさんが人間界で歩んでいる道のりと同じです。この山では険しい山道を歩きながら、この世に生まれて道を選び、自分の足で一歩ずつ歩んでいくというプロセスを、ゼロから体験できるのです。

人間は無邪気な赤ちゃんから始まり、成長していく過程で背負ってしまった重たいものを浄化し、自分らしく生きようと決意する。やっぱり龍神さまは、厳しくも力強く私たちを導いてくださる存在みたいです。

天岩戸伝説に隠された「戸」の真実！

戸隠山の上に、九頭龍社と奥社は横並びの位置にありました。

雪崩が起こりやすい場所のため、現在は立派なコンクリート製の社殿に建て替えられています。

その下を見ると、社務所にたくさんの人たちがいるのに、社殿にはまたまた私たちだけになりました。こんなふうに、いつも私がチャネリングをするときには、自然と「人払い」が起こるのです。

ご挨拶のあとでチャネリングを始めると、先ほどの龍神さまがビジョンにあらわれました。透明感のある、響き渡るような声で、

龍神さま「自らの中に戸を見つけ、開き、そして飛べ」

と言われます。さらに続けて、

龍神さま「ここは際《きわ》なり。際に立ち、自ら飛べば、そこからは道なき道となる。逃げるな。

そなたは際で踊れるか」

と言ったのです。

今、それを言葉にすると強さがありますが、その時に感じたのは、むしろものすごくフラットな問いかけのようで、ずっと聞いていたい気持ちになりました。

そのなんの強要もしていない問いかけに「もう、飛びます」と、私はサラッと答えていました。

と、その時です。頭上からいきなり、

「ゴオオオーッ」

という大きな音が聞こえてきたのですが、これまで聞いたことがない爆音です。

リカ「なに？　この音、なんの音？」

音は横にいるリカにも聞こえていたので驚きました。

帆乃花「飛行機かな？」

すぐに拝殿の外に出て空を見上げました。何もないのどかな青空が広がっています。

龍神さまが吠えた声以外に考えられませんでした。そう伝えると、

リカ「私もそう思う！　だって、さっきの音はあり得ない」

と、龍の声が聞こえたことに感動していました。本当に信じられない体験でした。

～戸隠神社　奥社の神さまの言葉～

自らの中に戸を見つけ、開き、そして飛べ。
ここは際なり。際に立ち、自ら飛べば、そこからは道なき道となる。
その先は、完全なる自由な世界。
神の力が加わり、どこまでも限りのない、空《くう》なる世界。
逃げるな。そなたは際で踊れるか。

〈言葉の意味〉

自分で作り出している「戸」を見つけて飛べと龍神さまは言われています。

「ここは際なり」というのは、人の世と神の国の間にある境界のことだと思います。自ら覚悟を決めて飛んだのなら、その先が「神の国」となるのです。

私たちがエゴを手放したときには神さまの国へ飛ぶことができますが、その道の途中で、もしエゴにまみれた道のほうに落ちてしまえば、あえなく「蛇の道」が待っているのです。

そして、**「自らの中に戸を見つけ」**の「戸」の意味ですが、これはみなさんの心の中にある壁（ブロック）を指しています。

天岩戸伝説で、アマテラスが岩屋から出てきた時に、世の中に再び光が戻ったのと同じように、私たちの壁を取り払えば、アマテラスのように明るさが戻るのでしょう。

それを怖がるな、と龍神さまが教えてくださっているのです。

戸隠山巡りのポイント

最後に、戸隠山をお参りで巡る際のポイントをお伝えしておきたいと思います。

まず、せっかく神社に行くのなら、二日かけてでもすべての社殿をまわること。ここは楽をしてご利益の出るような場所ではありません。

そして山道では、じっくりと土の感触を踏みしめるように歩いて行けば、迷いや悩み事も吹っ切れます。杉並木や川の水がやさしく受け入れて癒してくれますから、その自然の豊かさを享受しましょう。

各社殿に着いたなら、自分の内面を見つめるように、しっかりと手を合わせてお参りしましょう。

山道を歩みながらも、自分の内面を見つめ直すことができるので、人生に迷ったときに行くのがよいでしょう。

そもそもこの戸隠は、古くから修験道の道場として霊験あらたかな山ですので、大人数のツアーなどで訪れる場所ではありません。神さまが宿る自然の中に足を踏み入れる謙虚さをもって、ゆっくりと静寂を感じながら歩くとよいでしょう。人生で「ここぞ」という節目に、ぜひ参拝していただきたいと思います。

《東京》

東京大神宮

——喜びのあるところに神さまが降りてくる

現世利益！　金運アップの稲荷神社

都内で知る人ぞ知る「金運アップ」の神社といえば、やはり東京大神宮の入り口のところにあるお稲荷さまでしょう。

この神社の正式名称は、「飯富《いいとみ》稲荷神社」といいます。こじんまりとしているので、思わず素通りしてしまいそうですが、パワーがあるので忘れずにお参りしたほうがよいでしょう。

一般的に稲荷神社といえば、お参りすれば「現世利益」が出やすい神さまといわれています。もともと五穀豊穣の神さまだった「お稲荷さま」は、現在は商売繁盛、家内安全などの守護神とされていることから、人間との距離が近く、お金を具現化しやすいのです。

油揚げをお供えするといい、ともよくいわれますが、私は今まで「油揚げがほしい」と神

さまにおねだりされたことは一度もありません（笑）。
お稲荷さまはおしゃべり好きが多いのも特徴です。
この時にも、
神さま「お酒を持ってきなさい」
と言われて、コンビニに走りました。それを見て、
みえこ「狐なのにお酒？　油揚げじゃないの？」
と、みえこに不思議そうな顔をされました。
帆乃花「ここでは狐の神さまの他に白蛇さまがいて、卵を守っているの」
実は、その白蛇がお酒をほしがっていたのです。
みえこ「へー、小さいお社なのに、いっぱいいるね」
と、なんだか楽しそうです。
みえこ「その白蛇が卵を産んだの？」
帆乃花「たぶんそう。白蛇さまが卵を温めているから。狐と蛇が一緒にいる神社は珍しいよね」
みえこ「それじゃあ、願いを叶えるパワーも二倍になる？」
帆乃花「それはわからないけど。蛇さまのパワーが強力だから、願い事は通りやすいはずだよね」

するとみえこは俄然、張り切りだして、「それなら早速」とお賽銭を入れようとしました。

ところが神さまから、**「撒きなさい」**という声が。

帆乃花「〝お酒を撒きなさい〟って言われてる」

そう言って地面にお酒を撒こうとすると、
みえこ「ちょっと待って！　向こうに〝お酒を撒くな〟って書いてある」

と、注意されてしまいました。

私はすっかり見落としていましたが、見に行くと確かにありました。「水、酒をかけないでください」という小さい立て札が。

帆乃花「なるほど。私みたいにチャネリングした人が、お酒を門にかけてしまったんだろうね」

そこで、門にかからないように気を付けて、脇の地面に指で少しだけ撒かせていただきました。

すると狐の神さまもそれで喜んでくださいました。そのあとすぐに、
神さま「大盤振る舞いをすること」

というメッセージが降りてきたのです。それを伝えると、
みえこ「そしたら私たちお金持ちになれるの？　やった〜！」

と、早くも喜んでいました（笑）。

～飯富稲荷神社の神さまの言葉～

大盤振る舞いをすること。まず自ら振る舞うこと。振る舞うことでお金はまわり、そして返ってくる。大切なのはケチケチせずに、気前よく振る舞うこと。

〈言葉の意味〉

お稲荷さまらしい、意味のわかりやすいメッセージですよね。

お稲荷さまがおっしゃるには、他人に何かを与えると、いずれは自分の元へ返ってくるそうです。お稲荷さまは俗にいうところの「現物主義」ですから、お金やお酒など、目に見えるものを奉納すると喜んでいただけます。こちらにいた白蛇は、自分の抱えている卵を大切に育てていましたから、卵に与える栄養源として、できれば「お酒」を奉納してさしあげましょう。

卵には、これから何かが誕生するエネルギーがあるので、何かモノづくりをしている人など、クリエイティブな仕事が本業の人にお参りしていただきたいと思います。

神社の境内で大盛り上がりの「女子会」が！

お稲荷さまを参拝したあとで、メインの東京大神宮へ行きました。そこでチャネリングをすると、すぐにビジョンがあらわれ、江戸時代くらいのワイワイと賑やかな女性たちの姿が見えてきました。

お酒に酔って、どこかくだけた感じの着物姿。歌って踊って、見るからに楽しそうなどんちゃん騒ぎをしています。

そこに男性の姿はありません。女性同士で盛り上がっていて、今でいう「女子会」のノリです。

お酒片手に「飲んじゃえ、飲んじゃえー！」と言っているように見えます。昔、この場所に集まっていた遊女の映像でしょうか。

ビジョンはそこで終わりましたが、そのあと、

神さま「楽しみ、踊り遊びなさい」

というメッセージが降りてきました。この声は男性でした。

そのメッセージをみえこに伝えると、

みえこ「へぇ～！　遊びなさいなんて人間に言う神さまがいるの？」

と驚いていました。

確かに、神さまが「遊びなさい」というのは、ちょっと面白い感じがします。この時、姿は見えませんでしたが、きっとユニークな神さまがいらっしゃるのでしょう。

ここでは**「大盤振る舞いをすること」**というお稲荷さまのメッセージ通りに、五千円を払ってご祈禱を受けることにしました。すると、先ほど**「楽しみ、踊り遊びなさい」**と言った神さまのビジョンが、今度ははっきりと見えました。

恰幅がよくて、七福神の恵比寿さまに似ていました。

帆乃花「ふっくらとしている男性の神さまが、周りにたくさん女性をはべらせて、にこにこしてる」

みえこ「はべらせてるって、神さま

が？」
帆乃花「うん、そう。人間でいうモテる人」
みえこ「神さま、そんなんでいいの？」
帆乃花「いいんだよって本人が言ってるからいいみたい（笑）。私たちにも、もっと遊びなさいって」
するとここでさらに、
神さま「欲深くていい。そして愚かでいい」
というメッセージが。それを聞いたみえこは、
みえこ「私、この神さまとは気が合うかもしれない」
と、なんだか楽しそうです。
遊女が夜な夜な集まり、お酒を飲んで憂さを晴らしながら笑って楽しんでいる姿を見て、神さまがここに降りて来られたような感じがしました。これは神社縁起とは異なりますが、ビジョンで見せてくれたのできっとそうなのでしょう。
神さまは、賑やかで楽しい場所が大好きなのです。神社で披露される巫女舞が「神楽」と呼ばれるように、もともとは神さまを楽しませるために始まっている風習です。
みえこ「神さまを喜ばせることができれば、人の魂も幸せになれる。それが大盤振る舞い、ということだね！」

その瞬間、「正解！」と伝えるように、境内でドンドンと太鼓が鳴りました。

〜東京大神宮の神さまの言葉〜

欲深くていい。そして愚かでいい。肩の力を抜け。
真面目である必要はない。知識は大切ではない。
欲があること、愚かであること。それこそが人間らしさである。
大切なのは、生きることを楽しむこと。欲望に素直になっていい。
悩むのならば、思い切りくよくよ悩むがいい。
天にも昇る気持ちで、喜んで生きなさい。
天にも昇る気持ちで、楽しんで生きなさい。
はじめから天にいたのでは、天に昇ることはできない。
欲があり、愚かさがあるからこそ、人間であるからこそ、天に昇ることができる。
愚かさにこそ救いがある。愚かさを受け入れ、力を抜いて人間を楽しみなさい。

〈言葉の意味〉
メッセージに厳しさはありませんが、見方を変えれば、私たちには難しいことのようにも感じます。なぜなら、今の私たちには、人生を「修行」ととらえている人がとても多い気がするからです。

楽しむよりもがんばることのほうが得意、という人がとても多いと思います。でも、私たちが幸せになれるコツは、まずは楽しむことでしょう。

アロマでも肩の力を抜いてリラックスすると、心も体もどんどん楽になっていきますが、楽しんでいるところに神さまは宿るのです。

愚かなところがあっていいと言われているように、どんな自分も受け入れていけば、おのずと力も抜けて、生きていること自体を楽しめるようになってくるはずです。

縁むすびのご利益はある？

「恋愛成就のパワースポット」として人気のある東京大神宮ですが、神さまが縁むすび役を買って出ているかといえば、実はそうではありません。

そもそもが、女子会の「憂さ晴らしスポット」ですから、縁むすびとは縁遠いわけです（笑）。

でも、ご利益がゼロというわけでもありません。なぜなら神社自体に、女性が活き活きと輝き出すようなエネルギーがあるので、お参りをすればそれだけで男性から注目を集めることができるからです。

恋愛が苦手な人は、自分に自信がないことが多くの原因です。そういう意味でも、この神社へのお参りは効果的だと言えるでしょう。恋愛からしばらく遠のいているなら、ご祈禱も受けられると効果倍増だと思います。

神さまにも個性や役割がある

東京大神宮では、神さまによっていらっしゃる「層」に違いがあるということを発見しました。

私がとらえる神さまの世界は、それぞれに「層」がありますが、神さまのいらっしゃる「層」が違えば、電波のつながり方も違うのです。

だから、現世利益を求めて神社に行っても、その神さまの電波、周波数と合わなければ、願いは届きません。

たとえば、東京大神宮のように、神さまのいらっしゃる層が割に人と近い場所ですと、メッセージも言葉に変換しやすく、具体的でわかりやすい内容が降りてくるのですが、逆に、神さまのいらっしゃる場所がもっと遠ければ、メッセージは抽象的なものとなり、たったひと言で終わってしまうこともあります。

人と同じように、個性や役割も神さまによってさまざまですが、そのことを知っておくと、「神さま」という存在がもっと身近に感じられるでしょう。

ちなみに、違う層にいる神さまたちは、その層の間を行き来することはせず、そこにいることでご自分の役割をまっとうされています。

ですが、神無月《かんなづき》だけは違います。神無月は「かみなしづき」とも言い、全国の神社から出雲大社へ向けて、神さまが集まる期間とされていますが、本当にその通りだからです。

イメージ的には「異業種交流会」といった感じでしょうか。

そして、これもまたビジョンからわかったことですが、龍神さまは、各層にいらっしゃる神さまと私たちの世界を行ったり来たりできる自由な存在なのです。「眷属《けんぞく》」（神さまのお使い）という言葉がありますが、すべての龍神さまが神さまと私たち人間をつなぐお役目である、とは限りません。むしろ、私は龍神さま自身が単独で働かれているビジョンの方が多く見えるのです。

いずれにせよ、この自然界に存在し、その土地と日本のエネルギーそのものに関わる存在であるといえるでしょう。

《神奈川》

江島《えのしま》神社

――福福《ふくふく》した女性が運命の人と出会う場所

神さまの世界のディズニーランド！

神奈川県の江の島は、富士山に向かい、エネルギーが強く流れている場所です。明らかに龍のエネルギーが流れています。

今回の旅は、リカとみえこを含む友人五人と一緒に行ってきました。なぜ五人かという理由はあとでお話しすることにします。

ここは、普通は入り口からまわるルートが一般的なのですが、私の直感で山の上にあるいちばん遠い奥津宮からお参りを始めることになりました。奥津宮は、宗像三女神の長女、タキリビメという名前の神さまが祀られているところになります。

そのご神前で、この世のものとは思えない、美しい天女さまのビジョンが見えてきました。

ですが、そんな美しい天女さまをよく目を凝らして見てみると、なんと、足元に亀がいるのです。

帆乃花「亀と天女?」

と私が呟くと、

リカ「亀ってこれのこと?」

と、リカが天井を指差しました。すると、確かにそこに亀がいました。拝殿の天井に、「八方睨みの亀」という絵が飾ってあるのです。

その絵に描かれた亀は「緑色」でしたが、私がビジョンで見た亀は「金色」です。さらに、

亀「私は福福《ふくふく》した女性しか乗せませんよ」

という声がどこからか聞こえてきました。

帆乃花「亀がしゃべった!」

と思いましたが、よく内容を聞いてみると、「なるほど。おっしゃることはごもっとも」という感じがしました。

亀さまがおっしゃるにはこうです。

「私は天女のように福福とした女性を、龍神の元に運ぶ役目を司っている」と。

つまり、女性(天女)を背中に乗せて男性(龍)の元へ連れて行くという、「縁むすびの亀」というわけです。

言われてみれば、天井画の亀も、頭上からギロッとした目で参拝客のことを遠慮なく見ているように思えます。その視線が右に行けば右に、左に行けば左についてくるような、不思議なつくりの絵なのです。

亀はこうして周囲を睨みつけて、自分の甲羅に乗せる女性を見極めているというわけです。

この話をすると、みんな「福福の亀」に興味津々でした。

みえこ「福福って、太っている方がいいということ？」

いつものように鋭いツッコミをいれたのはみえこでしたが、もちろん、そんな意味ではありません。

帆乃花「ううん。太っているというよ

りは、幸せそうな人のことだと思う。わかりやすく言えば〝貧乏神がついていそうな人は乗せません〟ということかな」
リカ「よくわかる（笑）。貧乏神がついてちゃ、背中に乗せたくないもんね」
みえこ「いいな〜。亀さん、私も背中に乗せてー」
リカ「みんなで背中に乗せてもらおうよ。チャネリングして頼んでみて！」
帆乃花「えー？　みんなは重たすぎて無理でしょー」
などと、どうでもいい話をしながら、楽しくワイワイと盛り上がりました。
実は、これが今回いつもより大人数でやって来た理由なのでした。
江の島は、神さまの世界のディズニーランドのような場所なので、賑やかに楽しく参拝したほうがよい場所なのです。

戦いは負けるが勝ち

奥津宮の手前に、龍宮《わだつみのみや》という名前の洞窟がありました。

そこには赤青の二色の龍がいるのです。

神社の入り口の上に、目立つ龍像が建っていますので、知らない人でも行けばすぐにわかります。

江の島は周りを海に囲まれていますから、私はてっきり水龍がいるものとばかり思い込んでいましたが、実際そこにいたのは、赤色のオーラをまとった赤龍。よく見てみると、火を吹いているので胴体の周りが炎に包まれているのですが、龍自体は青色でした。赤と青のコントラストがとてもきれいです。

ご挨拶をしようとすると、その龍神さまのほうが先に、

龍神さま「名を名乗れ」

と声をかけてきました。

帆乃花「うわ、早！」

と思いながら、丁重に名乗りご挨拶すると、

龍神さま「おのれの戦いはなんであるか」

という問いかけが降りてきました。まるで禅問答のようです。

どう答えるか考えていると、

龍神さま「負けるが勝ちということ」

という答えを先に教えてくれました。

これでようやく意味がつながりました。

帆乃花「他人との戦いじゃなくて、自分との戦いのことを言ってるみたい」

みえこ「なになに？」

帆乃花「つまりね、自分自身の負けを認めれば、おのれに勝ったということになるって」
みえこ「負けたのに勝つことになるって、どういうことなの？」
帆乃花「自分の弱さや至らなさを受け入れていなければ、勝負には勝てないっていうことなんだと思うよ」
リカ「つまり、勝ち負けは相手との戦いではなく、おのれとの戦いであるということでいいのかな？」
帆乃花「そうそう！　その通り」
神さまは、いつも本当に大切なことを教えてくれています。もし、今の自分にとって必要だと思うことがあれば、ぜひ受け取っていただきたいと思います。

銭洗いではお金は洗わない

奥津宮から下ったところにある辺津宮《へつみや》の向かい側に、「銭洗白龍王」という銭洗いの場所がありました。

一般的な「銭洗い」といえば、弁財天さまのイメージが強いと思いますが、さすがにここは江の島らしく「龍」がモチーフとされていました。周りの人たちはみんな楽しそうに小銭をざるに入れて洗っていました。

私も洗おうかどうか迷っていると、

「洗わなくてもよろしい」

というメッセージが自動的に入りました。

なぜ、銭洗で洗わなくていいのかという疑問を、このあと辺津宮にいらっしゃる神さまに解いてもらったのですが、実はどういう経緯だったのか覚えていません。チャネリング中のことは自分で覚えていないため、普段は録音しているのですが、この時は忘れて録音をしていなかったからです。

なので理由がわからずスッキリしないのですが、「お金を洗ってはいけない」ということではなかったと思います。ここは観光的にも楽しいスポットですから、お金のご利益を求めてではなく、お金を大切に思ってきれいに洗うという遊びとして楽しんでください。

江の島はいつ来ても観光客で大賑わいですが、このように人気なのは、本能的に「ここにいると気持ちいい」とみんなが感じているからでしょう。

海が近くにある神社は、オープンで明るい雰囲気があり、さらに元気になれるエネルギーを「場」がもっています。江の島はその要素がとても強く、さらに多くの人が集まることによって相乗効果が起きているのです。

そんな楽しい場所ですが、島の奥にある「江の島岩屋」だけはエネルギーが違っていました。岩屋の中に入ればわかりますが、中に念仏修行をしているようなエネルギーが流れているからです。その昔、ここで修行していた人のビジョンもうっすらと見えました。ここは龍のエネルギーが強く入ってきている場所ではありますが、島の他の場所のように楽しい雰囲気とは言えません。

江の島では「まず、浄化して、次はここに行って……」というしきたりやルールなどはありませんから、何も気にせずに好きな順路でまわっていいでしょう。時間があれば、展望台に上ったりしながら、一日を過ごされてはいかがでしょうか。

もし、失恋や仕事がうまくいかないなどの落ち込んだ気分であったとしても、きっと元気になれると思います。

《静岡》

伊豆山神社《いずさん》

——龍に乗って海の向こう側へ行く

龍の背にまたがって空へ！

東京都心から日帰りで行ける龍神系の神社がもうひとつあります。それがＪＲ熱海駅からバスで行ける伊豆山神社です。

ここでは、本殿でお参りしていると大きな赤龍のビジョンが見えました。この赤龍からは、

赤龍「荒魂へ参られよ。ここだけではわかるまい。行けばわかる」

という、謎めいたメッセージだけが降りてきました。そして裏山を登ったところに本宮があるとわかったので、

帆乃花「〝荒魂〟って本宮のことかな？」

と考えていると、

みえこ「そしたら本宮に行ってみよう！」

と、みえこが言ってくれました。こうなったら直接本宮で確かめるしかありません。

でも、本宮まではけっこう距離があります。急な山道を、「明日は筋肉痛だよね」とふたりで話しながら登り、ゼイゼイ言って本宮へたどり着きました。

本宮は広場のようになっています。そこの小さな拝殿に向かう途中、何人かの人を見かけたはずなのですが、なぜか、その場所には誰もいませんでした。また人払いだと思いながら、早速手を合わせてご挨拶をしました。

ところが、肝心のメッセージは降りてきません。

帆乃花「ここで何がわかるんだろう」

と思っていると、ビジョンで、なんと白い龍が至近距離にあらわれ、私の真横にいるのでした。

帆乃花「えっ、龍!?」

龍が真横にいて、私が上からその背中を見下ろしている感じになっています。

今までにない龍神さまとの距離感にびっくりして、一瞬脇によけてしまいましたが、白い龍神さまが、

白龍「乗りなさい」

と言います。私に自分の背中に乗れというのでしょうか。「まさか龍神さまの背中に乗る

なんて！」と怖気づいた私は、
帆乃花「いえいえ、それはできません」
と、その場を逃げ出すように去ってしまいました。白龍はそれ以上は何も言いませんでした。
帆乃花「やっちゃった。尻込みするのは私の悪いくせだ」
とっさに天河神社で龍神さまに言われた言葉を思い出しました。
龍神「自ら閉じるな。自ら尻込みするな。自ら引くな。自らを過小評価するな」
帆乃花「そっか、こういうことだったんだ……」
龍神さまがお見通しだったことに感動しながらも、そのメッセージを忘れて逃げ出してしまった自分にがっかりしていると、
みえこ「どうしたの？」
と、向こうにいたみえこが近づいてきました。その事情を話すと、
みえこ「龍神さまが背中に乗せてくれるって言ったのに、断っちゃったの？」
と驚いていました。そして、
みえこ「私も行くから、ふたりで一緒に背中に乗せてもらおうよ！」
と言い出したのです。
帆乃花「うそでしょ、今さら？」
と言ったものの、彼女に「尻込み」という文字はありません。なんて勇気のある友人なの

でしょうか。

帆乃花「今さら戻って乗せてくださいなんて言えない。しかもふたりでなんて……」

と言うと、
みえこ「なんで？　大丈夫だよ」

と半ば強引に、もとの場所に連れていかれました。

もう一度手を合わせてチャネリングをすると、まだそこにいてくれた白龍さまが見えました。

帆乃花「すみませんが、やっぱり乗せてください」

と伝えたのは、もはやギャグでした（笑）。

帆乃花「私の友人も一緒にいいですか？」

と、言い終えるか終えないかのうちに、みえこがヒョイと龍の尻尾にまたがりました。白龍さまはやっぱり無言のままでした。

ドキドキしながら、「ありがとうございます」と言って龍の背に乗り込み、
帆乃花「もし嫌なら、遠慮なく振り落としてくださいね」

とも言いました。たとえ振り落とされても、彼女なら自力で這い上がれそうですが（笑）。

私がどこに行くのか尋ねると、
白龍「海に連れて行く」

と、問いかけにはじめて答えてくれました。

スピードはビュンビュンと速くて、顔に風を感じます。

帆乃花「ほんとに背中に乗ってる〜！」

ビジョンの中ですが、ものすごいスピードなので、さすがに後ろを振り返ることはできませんでした。でも、誰も振り落とされた気配がなかったので、みえこも無事に乗っているんだろうと思いました。

そして霧の中のトンネルを突っ切ると、青々とした海が。それに合わせて、

白龍「この海原を渡ることは、広い世界を渡ること」

という声が聞こえてきました。続けて、

白龍「ここから先は人には渡れぬ。私がそなたを乗せて、あの海を渡り、世に出していく」

なんて力強い言葉でしょうか。私は心の中で、「はい」とうなずきました。驚きとありがたさと

が一緒になって、なんともいえない気持ちです。

みえこ「私、乗れてた？」
後ろから声をかけられ、ハッとわれに返りました。
帆乃花「うん、落ちてなかったから、乗れてたみたいだよ」
と笑いながら答えました。こうやって背中を押してくれる彼女にも感謝です。

山を下り、社務所に立ち寄ってみると、
みえこ「これ見て！」

と、みえこがポストカードを指さしました。なんと、そのポストカードには、さっき私が見たビジョンと同じ絵が描かれていたのです！　白龍の背中に神さまが乗っている絵に、
みえこ「うわー、すごい！　そのままだね！」

と大興奮しています。

帆乃花「ほんと、見たままだよ！　この神さまはどなただろう」

と話していると、社務所の方が、「ニニギノミコトですよ」と教えてくれました。

もちろん、私たちふたりはそのポストカードを買って帰り、今でも家の玄関に大切に飾っています。

龍神さまはお役目につく

私が伊豆山神社を訪れたのは、仕事がとても忙しく、チャネリングの旅を一時中断していた時期でした。それまで神さまから聞いたメッセージさえも忘れかけていた頃です。

でも、今思い返してみれば、最初の天河神社で**「尻込みするな」**と言われ、戸隠神社では**「飛べ」**というメッセージをいただき、そしていよいよ、伊豆山神社では龍の背中に乗ることになりましたが、まさかそんなことになるとは思ってもみませんでした。

この伊豆山神社でのビジョンは、私自身の個人的な出来事かもしれないと思い、最初はお伝えすることを躊躇していましたが、私がわかったことは、「龍はお役目につく」ということなので、やはりみなさんにとっても大切な情報なのだろうと思います。

神さまのビジョンが見えようが見えまいが、自分を生きることを決めるということが大切で、その導きをしてくれる仲介役が龍神さまなのです。

相模灘から伊豆山神社までは、清々しい海のエネルギーも流れており、見事なまでに調和の取れた開運スポットです。素晴らしい景色を堪能しながら、赤白二龍《せきびゃくにりゅう》に出合いに行ってみてください。

《青森》

岩木山《いわきやま》神社

――喉を清め、意図を現実化せよ！

思いを声に出せば、意思が意図となる

津軽国一之宮の岩木山神社に行ってきました。その名の通り、ここは岩木山という山の麓にある神社です。

参道が山に向かってまっすぐに伸びて、とても気持ちよい場所でしたから、「ここに来てよかった！」と、ふいに感動がこみ上げてきました。青森県最高峰の津軽富士だけに、見ごたえがあり素晴らしい景観です。

今回も私とみえこのふたり旅。夜行バスを乗り継ぎ、八戸まで十一時間もかけて来たので、さすがに頭がボーッとしていましたが、神社の鳥居をくぐると、すぐに、

神さま「そなたたちの心意気を褒めてつかわす」

というお褒めのメッセージが降りてきました。

みえこ「よかった」

帆乃花「がんばってここまで来たもんね」

と、ふたりで大感激。そう、ここの神さまに限らず、どんなに厳しい神さまでも、神さまはみんなとても優しいのです。

ところで、こちらの神社は、拝殿の中では椅子に座るスタイルになっています。昔は百《ひゃく》沢寺《たくじ》というお寺だったそうなのですが、神仏習合の名残なのか、今でもお寺の講堂のようになっているのです。

帆乃花「これならゆっくりチャネリングできそう」

と思ったのも束の間、席に着いた時から、なぜか急に喉が痛くなりました。「イタタタ」と言いながらやっとのことで外へ出ると、風邪を十倍にこじらせたような痛みがすぐ治りました。先ほどまではあんなに痛かったのに、なぜなのでしょうか？

すると、
神さま「ここは神の意図と、人の意図をつなぐところ」

というメッセージが降りてきたのです。声の主の姿は見えませんでしたが、明らかに男性の神さまです。そして、そのあとにも、
神さま「清らかであれ」

というメッセージが入ってきたので、そのおかげでなんとなく意味がわかりました。
帆乃花「そうか。喉が詰まっていたから、神さまが〝清らかにしなさい〟って教えてくれたみたい」
だから、さっきはあんなに喉が痛かったのです。
みえこ「うがいしなさいっていうこと？」
と、みえこが半分冗談で聞いてきました。
帆乃花「違う（笑）。清らかであるというのは、思いを声として発することなんだって。つまり、いつも自分に正直でいるということ。声に出さずにいるから濁ってしまうのよ」
みえこ「嘘をつくのはダメなの？　嘘も方便って言うけど違うの？」
帆乃花「取り繕うために嘘をついたり、黙っていたりすれば、喉が濁ってしまうよね」
みえこ「正直さは清らかさでもあるということだね」
彼女とのやりとりのおかげで、さらに意味がよくわかりました。

～岩木山神社の神さまの言葉～

ここは神の意図と人の意図をつなぐところ。
浄めよ！　浄めよ！　清らかであれ。

〈言葉の意味〉

仏語で「身口意《しんくい》」という言葉があるのをご存知でしょうか?

これは文字通り、体を指す「身」と言葉を指す「口」、精神を指す「意」をあらわしている言葉ですが、仏教の教えによれば、この三つがつながり、人のなすこと、言うこと、思うことが一致しているのが理想的な状態なのだそうです。もしそれが滞れば、体にエネルギーが通りにくくなるというのをビジョンで見せられました。

そして、私たちの「意思」を「意図」に変換する大切な場所が「喉」だというのです。「意図」により人の体は行動に至りますが、そのつなぎ目に言葉があり、言葉を発するポイントとなるのが「喉」だということでした。

もっと活性されるべき場所

岩木山神社はいわゆるパワースポットと呼ぶにふさわしい、山や水のエネルギーがとても高い場所です。そこにいらっしゃる神さまは男性だと感じましたが、神社全体に流れている空気感はどちらかといえば女性的で、優しく清らかなものでした。

私も青森に来るまでは名前も知らない神社でしたが、

帆乃花「津軽国一之宮の神社だし、もっと有名になってもいいはずなのに」

そんなことを思っていると、

神さま「賑やかであれ」

という、神さまからのメッセージが入りました。

その言葉でピンと来たのですが、どうやら、ここの神さまもたくさんの人にお参りに来てもらって、よいエネルギーをもっと循環させたいと思っているようなのです。

実は、このメッセージが入ってきた時に、私の目の前を細い蛇が横切りました。素早く木の陰に隠れたところに、「顔出してみて!」と話しかけると、本当に戻ってきてくれて、かわいらしい顔を見せてくれました。

「かわいい!」と私たちは盛り上がっていたのですが、不思議とそこに蛇がいることに周りの人たちは気付いていないようでした。

神さまのメッセージからも、この蛇はきっと龍神さまのお使いだろうなと思いました。

「賑やかであれ」という言葉に、神さまが人間に近づいてくれていると感じたからです。

冬になると、ここは雪に閉ざされてしまう場所なので、昔はもっと静かで、参拝客も今よりもっと少なかったに違いありません。東日本大震災の影響があったのかもしれませんが、これからもっと開けて、活性化してもいい場所だと思います。楼門の狛犬も逆さ立ちのポーズがとてもかわいらしく、私たちを温かく迎えてくれます。

ここは、普段言いたいことが言えず、心にストレスをため込んでいるという人や、人間関係に何か行き詰りがある人などが参拝されるとよいでしょう。人生でチャレンジしたいことがあるのに、まだできていないという人にとっても、何かの行動をするきっかけとなるでしょう。

《青森》

十和田《とわだ》神社

――変わらないよさを知り、平穏に感謝しよう

平穏という静のエネルギー

私たちは岩木山神社の次に十和田神社へ向かいました。神社の参道は巨木の杉並木。まるでヨーロッパの深い森の中を歩いているような癒しのスポットです。

帆乃花「歩くだけでエネルギーがどんどん浄化されていくのがわかるよね」

みえこ「うん、ほんと！　東京から遠かったけど来てよかった」

神社の近くに十和田湖もあるので、ここはちょっとしたリゾートといった雰囲気です。

みえこ「ねえ、見て！　神社の裏に〝占い場〟があるって」

と、みえこに手持ちのガイドブックを見せられました。確かにそれを読んでみると、「開運のパワースポット」というようなフレーズで、十和田神社の裏にあるという占い場が紹介

されていました。私はちょっとした違和感を覚えましたが、あまり気にせずに社殿へ向かいました。

その社殿は苔むした岩の上に建っており、見るからに古く長い歴史がありそうです。ワクワクと期待感が高まりました。

そこで、おもむろに社殿前でチャネリングを始めてみると、予想通りに、神さまの次元が遠すぎて聞き取りにくい声でしたが、

神さま「場が変わらぬことがよきことかな」

という、しっかりとしたメッセージが降りてきたのでした。

きっと神さまのほうが人には姿を見せる必要がないと思われているのでしょう。ですが、イメージとしては男性の神さまがいらっしゃるようです。

さらに、

神さま「平穏は、変わらないことで保たれる」

という言葉も降りてきたのでした。

平穏、というように、人がたくさん来て、賑やかになることは望まれていない様子なのです。むしろ、人目につかず、自然の静けさが変わらないことがいいのだとおっしゃいます。

先ほどの岩木山神社とは逆でした。

帆乃花「でも、変わらないでほしいと願うのも当たり前だよね。静かでいいところだも

ん」

みえこ「神さまはいつからここにいるの？」

帆乃花「う〜ん。わからないけど、とても古くから」

みえこ「歴史がありそうだもんね」

帆乃花「うん。だから戦のあった時代もここで見ていたらしいよ。でも、人間はその時代から何も変わらないって」

みえこ「ということは、千年以上!? そんな前から人間は変わっていないんだね。それってちょっと……」

帆乃花「うん、進歩しなくちゃね。神さまは、何があろうと、ず

っとここを見守るとも言ってくださっているよ」

みえこ「神さま、ありがとうございます」

本当にここだけ時の流れが止まっているようです。エネルギーも一気に入ってくるのではなく、あとからじわじわと入ってきますが、だからこそ逆に強いようなのです。私が発見したことは、静寂もひとつのエネルギーの形だということでした。

平穏を保つことの大切さ

社殿の裏道を二十分ほど歩くと、十和田湖のほとりに着きます。ここは参拝客には、本殿よりお目当てのスポットになっているようです。

なぜ、そうなっているのかといえば、先ほど紹介した「占い場」がそこにあるからです。

でも、私たちはビジョンを見て、占い場に行くことをやめました。

もちろん、そこが悪いというわけでも、神社にエンターテイメントがあることを否定する気もありません。むしろ、「神社が栄えていてほしい」という善意で作られているのでよいのですが、こちらの神社に限っては、平穏を保つことのほうが大切だと考えたからです。

神さまは、人間に対して「静かに」とは言いませんが、だからこそ、この場所の平穏を守れるかどうかは、私たちの心がけにかかっているのです。今後、千年の時がたっても、なおも変わらない静けさがあることをお祈りされてみてください。

～十和田神社の神さまの言葉～

場が変わらないこと。変わらぬことがよきことかな。

平穏。

平穏は、変わらないことで保たれる。変わらないけれど、淀まない。


〈言葉の意味〉

平穏で変わらないということは、エネルギーの停滞を示す言葉ではありません。むしろ、悠久や永遠というほどの強いエネルギーが流れています。

変わらないというエネルギーもまた、変化のエネルギーと同じくらい強いのです。

十和田神社で静かな時を過ごせば、忙しい日々で見失っていたものを取り戻すことができます。みなさんが本来の自分に戻ることは、次から次へと目新しいものを追い求めている今の時代に、もっとも必要なエネルギーだといえるのではないでしょうか。

いざ、静寂の旅へ！

十和田神社周辺のオススメ散策ルートは、十和田湖沿いから神社に続く道です。ゆっくりと歩いてから湖でお浄めして、それから神社へ向かうとよいでしょう。湖に足を浸し、湖岸でのんびり過ごすのもオススメです。

十和田湖は水に淀みがなく、海に匹敵する浄化力がありました。青森県と秋田県にまたがる広さを持っており、「日本で三番目に深い」ともいわれている湖ですが、本当に海のように広いので、見ているだけで癒されます。

十和田湖と神社参拝のセットは、まさしく理想的な組み合わせだといえるのです。

神社の中には、湖と近隣の山々からもエネルギーが流れ込んでいるのがわかりました。時間と心に余裕がないときにこそ、静寂の旅に出かけてみませんか？

《東京》

明治神宮

——自分が立っている「場」に感謝！

人に興味がない理由とは？

明治神宮といえば、東京都内では文句なしのパワースポットです。お正月に「日本一参拝客を集める神社」としても有名な場所となっていますが、何度もここを訪れた私も、さすがにお正月に人ごみの中を参拝に行くというのは大変そうで避けていました。

でも、いつものメンバーで「年越しにチャネリングをしよう！」という話になり、「何を感じるかな?」とワクワクして行きました。

以前、ここにお参りした時には、御手水から鳥居をくぐり、御社殿に向かって門を入った瞬間に、一瞬グラッとする感覚がありました。

拝殿前は三方を門で囲まれ、ご神木が左右にあるのですが、この空間は密度が違うという

か、層が高いのです。この感覚は京都市内を散策するときとよく似ているのですが、最近はどちらもグラッとすることはなくなりました。

一時間ほど列を待って、ようやくお賽銭箱の前に着いたので、ご挨拶をしました。後ろに大勢の参拝者がいたので、すばやく意識を集中させていると、拝殿の向かって左右に、神さまの従者のような存在がふたりいるのが見えました。

その従者ふたりは、私たちのほうをまるで見ていない様子で、ずっと向き合って拝殿のところに控えています。

みえこ「それはそっぽを向いて、参拝してほしくない感じ?」

と質問されました。

帆乃花「ううん、そうじゃないみたい。来てほしくないというより、気にしてないんだと思う」

みえこ「従者だけで神さまはいらっしゃらない?」

帆乃花「うーん、ふたりが神さまといえばそうなんだけど、どちらかといえば、この場を守っている存在みたい」

みえこ「つまり、〝人〟じゃなくて〝場〟を守っていると」

帆乃花「そう。この場が守られているおかげで、東京全体のエネルギーも守られているんだと思う。これだけの大自然が東京のど真ん中にあることはすごいことだと思わない? どう考えても偶然じゃないよね」
そして、
帆乃花「お守りくださってありがとうございます
と、感謝をお伝えしよう」
そう言うと、みえこは「元旦を感謝から始められて幸せ！　神さま、お守りくださってありがとうございます」と、もう一度手を合わせてお参りしていました。
従者の神さまが控える真ん中に、神社の主祭神である明治天皇がいらっしゃったのかどうかはわかりませんでしたが、いずれビジョンでお会いできる日が来るかもしれません。
ということで、人に対してのメッセージは降りてきませんでしたが、それはそれで「なるほど」と納得です。

明治神宮の㊙パワースポット

明治神宮には、あまり世には知られていないパワースポットがありますので、ここでおまけとして紹介しておきます。

パワースポット　その1　「南門近くの森」

ここでわかりやすいパワースポットといえば、なんといっても南門近くの森。もともとは人工林だったそうですが、今は長い年月をかけて、神社一帯が本物の森になっています。この東京という都会で、これほど数多くの植物に触れられる場所は他にありません。心洗われ、清々しさで満たされる、とっておきの場所です。

パワースポット　その2　「南門から二回目の突き当たり」

拝殿（本殿）への参拝ルートは、原宿駅そばの南門から入るのが一般的だと思うのですが、この南門から参道が左へ曲がり、突き当たって、さらに右に曲がるというくねくねのルートになっています。この二回目の突き当たりとなるところがパワースポットです。意識しなければ素通りしてしまう場所ですが、立ち止まってエネルギーを感じてみましょう。

パワースポット　その3「拝殿前のご神木」

拝殿前の二本のご神木がパワースポットです。それがあるおかげで、ここの強すぎる空間全体のエネルギーのバランスが取れています。それぞれのご神木の前に立ち、気持ちのいいエネルギーを感じましょう。

パワースポット　その4「芝生広場」

社殿の裏にある芝生広場が知られざるパワースポットです。そこに池があり、亀石がありま す。拝殿で手を合わせると亀と鶴がビジョンに見えるので、亀石もおそらく関係があると思います。広場の中でも強い磁場を感じながら、エネルギーを蓄えましょう。

その三

神さま教えて！知って嬉しいQ&A

ここではみなさんからよく聞く、神さまについての素朴な疑問についてお答えしたいと思います。

とはいっても、この答えはあくまで私見ですから、正解かどうかはわかりません（笑）。

でも、もし共感するものがあれば、進んで取り入れてもらいたいと思います。

Q1 参拝するときは、神さまに自分の氏名を名乗ったほうがいい？

A はい、名乗ったほうがいいですね。

まず基本として、神さまが参拝客に対して、「名前を名乗りなさい」「お供えものをしなさい」と要求されることはめったにありません。

ですから、神社では特に何もしなくてよいのですが、最低限のマナーとして、名前だけは名乗りましょう。

よそのお宅に上がるときに、名前も告げないまま上がることはないと思います。神社にはドアやインターホンはありませんが、神社に上がらせてもらう側の礼儀として、自分の名前をお伝えします。

すると、神さまたちも、「礼には礼で返してくださっている」というのがわかります。

さらに大切なことをもうひとつ言いますと、ご神前で手を合わせることは、みなさん自身が、ご自分が何者であるかを確認する行為だということです。

神社の拝殿には「鏡」がありますが、神さまに向かうということが、すなわち鏡に映った自分に向かうことになります。自分の名前を伝えれば、自分を照らし出すという行為につながるのです。

Q2 神社に行ったら、何をしたらいいの?

A 参拝の作法にのっとり祈願してみましょう。

これもよく聞かれる質問ですが、次の基本を忘れなければ、何も特別なことはしなくて大丈夫です。

1 鳥居の前(真ん中ではなく両脇)に立ち、しっかりと一礼をして、鳥居をくぐります。
2 参道を歩くときは、一歩ずつ踏みしめて歩きます。
3 手水で手と口を清め、拝殿の前にまっすぐに立ち、二礼二拍(二礼四拍など神社による)します。

4　名前を名乗り、神さまに感謝を述べて、祈願します。
5　お参りを終えたら一礼します。

この一連の所作を行えば、身も心もスッキリします。

作法を守らないと神さまに叱られるというわけではありませんが、まず形から整えることが、神さまに尊敬と感謝をあらわすこととなり、神さまとつながるポイントでもあるのです。

Q3　ご縁のある神社はどうすれば見つかりますか？

A　何度も行く機会があるなど、何かしらのサインがあるはずです。

神社も人間同士のご縁と一緒で、ご縁があればつながりが出てきます。

たとえば、ご縁のある人と道で偶然すれ違ったり、一日に同じ人と何度も会ったりすることがたまにあると思いますが、神社の場合もそれと同じです。ご縁のある場所の場合、別に行きたいと思っていなかったのに、なぜか何度も足を運んでいるということが起こります。

これから新しいご縁のある神社を見つけたいなら、ひとまず気になった神社にお参りに行きましょう。そこにどんなご利益があるか、どの神さまがいらっしゃるかなどは気にせず、ピンときたなら行ってみて、その場所で何を感じるかが大事です。

ご縁はエネルギーなので、その時々でご縁のある神社も変化します。

Q4 家の近くの氏神さまに参拝したほうがいいですか？

A もちろんです。引っ越したら、まずご挨拶に行きましょう。

氏神さまというのは、各地でその土地をお守りしている神さまのことを言います。

これは先ほどお伝えしたこととつながりますが、みなさんがお住まいの場所は、何かのご縁があって住んでいますので、ひいては古くからその土地をお守りしている氏神さまともご縁があるということです。

そのご縁のある神社で、氏神さまにご挨拶をし、ご縁を深めていきましょう。

人との付き合い方でも同じことが言えると思います。引っ越し先のお隣さんやご近所さんに、「これからよろしくお願いします」と、ご挨拶をしたほうがお互いに気持ちがいいですよね。

相手を思う気持ちは神さまに通じます。その土地とそこに住む人たちを守ってくださっている神さまに対して、感謝する気持ちを持って行きましょう。

すでに長く住んでいる人も、改めて氏神さまのところへ行って、「この土地をお守りくださり、ありがとうございます」という感謝をお伝えしてみてください。

身近なご縁を大切にするこの心がけが、ひいては開運につながる秘訣となります。

Q5 神さまが見えるように(感じるように)なりますか?

A はい、誰でもなれます。

まず、誤解がないようにお伝えするなら、「誰でも」というのは、「神さまの存在を信じている人であれば誰でも」という意味なので、もともと神さまを信じていない人や、興味がない人には見えてきません。

また「見える」というのも、実際に目に見えるという意味ではなく、心の目で見て感じることを指すのです。心の目は額にある「第三の目」のことをいいますが、私の場合は脳の中に映像が見えてくるような感じです。とはいえ、感じ方は人それぞれなので、意外に神さまをどこかで感じていても、自覚していない人も多いのではないでしょうか。

神さまの存在を感じるためには、神さまと隔たりがない自分であることが第一ですが、それに有効なのがアロマです。

植物から抽出しているアロマ（精油）は愛と慈悲の存在なので、神さまと近いエネルギーを持っています。アロマの香りを感じることは、神さまを感じることにつながります。

私の場合は、アロマを通して植物とコミュニケーションを重ねていったおかげで、感知できるエネルギーの幅が広がり、神さまにもつながっていきました。

神さまを感じるためのアロマの使い方については、本書の最後でお伝えします。

Q6 龍神系の神社によく行くのは、龍神さまがついているということですか？

A 龍神さまは、人につくのではなくお役目につきます。

「龍神がついている」という人と出会うことがありますが、本当についている人の場合でも、生まれてから死ぬまで一生ついているわけではありません。

なぜなら、龍神さまとご縁がある場合にも、その時のその人のエネルギー状態によって、龍神さまのサポートが得られたり、離れたりもするからです。

私の見解ですが、不思議と自分のことだけを考えている人に、龍神さまはついていません。

これは、私たちがこの世に生まれてきた目的が、自分と周りが共に幸せになるためだからだと思います。自分だけ幸せになれればいい、という心根では、この世に生まれた目的を果たせないからです。

では、使命というのは何かという話になりますが、わかりやすくいえば、自分も周りの人も環境も、すべてがよりよくなるにはどうあるかべきかということ。魂を磨けば、その磨かれた光（エネルギー）に、龍神さまの力が加わります。それがつまり、龍神さまがお役目につく、ということです。

もし、まだ自分は完璧ではないと思っても、一生懸命に使命をまっとうしていれば、龍神さまや神さまとのご縁がつながるはずです。

Q7　家の中に神棚をお祀りしたほうがいいですか？

A　はい。神さまをお祀りする気持ちが大切です。

なぜなら、神棚に神さまをお祀りして手を合わせようとする行為自体が、神さまとご縁をつなぐことだからです。家に立派な神棚がなくても構いませんが、お札を置くなど、何かの形があるほうが、感謝の気持ちをあらわしやすいと思います。

たとえば、人に感謝の気持ちを伝えたいなら、プレゼントや手紙があると、気持ちを伝えやすくなると思います。それに、もらった相手も嬉しい気持ちになりますよね。

それは神棚でいうなら、神さまへのお供え（お米やお水など）ということになります。

朝晩に神棚の前に立って手を合わせ、お供えをすると、それが神さまへの感謝の気持ちをあらわす行為となり、自然と神さまのことを感じる時間ができます。

まずは自分の目より上の位置に、神社で買ったお札を置くだけでいいので、身近なところに神さまをお祀りしてみましょう。

Q8　神さまはどんな存在ですか？

A　神さまも大いなる創造主から分離した、神の世界の存在です。

神さまはどんな存在かと聞かれたら、「人間に近くもあり遠くもある」ということになるでしょうか。

まず、私が感じる「神さま」という存在は、いわゆる「宇宙の根源」（または創造主、大いなる神ともいいます）というのとは違います。それよりも実体を感じられる存在なのですが、たとえば、大黒さまは太っちょで、弁天さまは美人の女神さまという、わかりやすいキャラクターが思い浮かびます。

人間の社会があるのと同じように、神さまたちの住む世界（神界）があります。そこは人間世界の層よりも高くて明るく、透明感があって、色が薄いように見えていますが、そこにいらっしゃる神さまたちは、ひと言でいえば光輝く存在なのです。

その四

神さまの声を聞く神社の旅（後編）

《宮崎》

みそぎ御殿

――神さまも集まる祭り

神話で有名なみそぎ池に大ショック!

旅の後半は、九州の宮崎県からスタートしていきます。

私も今回はじめて来た宮崎県の旅では、「日本神話の始まりの場所」といわれる、みそぎ池にやってきました。

このみそぎ池は、「市民公園の森」という場所にある一見普通の池なのですが、実は神さまに深いゆかりがある場所だそうです。

日本神話によれば、イザナギという神さまが黄泉《よみ》の国から逃れて帰った時に、禊《みそぎ》を行ったといわれている場所、と私に教えてくれたのは、宮崎出身でなおかつ歴史に詳しいみえこでした。そのみえこに案内してもらって、行き先も彼女におまかせしました。

みえこ「まず案内したいのはここなんだ～」

私たちは公園の駐車場に車を停めてから、歩いて中に入りました。

みえこ「ここには日本神話で有名なみそぎ池があるんだよ」

と、みえこが池の周りを歩きながらいろいろと説明してくれるのですが、私は池の水がどよ～んと淀んでいるのが気になって、話に全然集中できませんでした。なんと池にはゴミも浮かび悪臭までしてきます。

みえこ「前はとってもきれいな池だったのに」

しばらくぶりに帰ったというみえこも、さすがにショックを受けているように見えました。

どうしたものかと思っていると、ビジョンで池の上に赤い龍が見えました。

赤い龍「不浄」

という言葉を文字で見せられました。なぜか、旧漢字の「淨」という字のほうだったので、意味がよくわからずにいると、すぐにリカがスマホで調べてくれました。

リカ「不浄というのはね、清浄でない、けがれているということなんだって」

みえこ「それはまさに今のこの状況だよね」

このふたりの解説のおかげで、今の池の現状がよくわかりました。

さらにビジョンからもうひとつわかったことは、池が汚れすぎていて、池の上にいる龍神さまが池に入ることができないことです。

帆乃花「本当はもっとパワフルな龍神さまのはずなんだけど、今は弱りきってるみたい」

みえこ「なんとかしたいけど、どうすればいいの?」

リカ「池をきれいにするなら、行政の力も必要かもしれないね」

私たちはなすすべもなく、この地が復活することを祈りながら、後ろ髪をひかれる思いで池をあとにしました。

日本神話のような、神さまが「みそぎ」ができるほど清らかな池に戻り、龍神さまの家となる日がやって来るのか心配です。思いがけない九州旅行の幕開けとなりました。

格式は神社の大きさにあらず

引き続き、公園にある林の中に入って行くと、奥のほうにこじんまりとした神社がありました。ここがみそぎ御殿です。

みえこ「ここにふたりを連れてきたかったんだ！」

宮崎駅から近いこの場所は、彼女いわく、知る人ぞ知る神社らしいのです。

もともと神社についてあまり知識がない私。まして九州には疎いので、この場所の存在を知りませんでした。

ちなみに、神社について知識がないのは、なんだか言い訳をするようですが、チャネリングをするために固定観念が入らないようにしているからなのです。ですから、いつもあえて下調べをせず、神社についての情報はなるべく頭に入れないようにしているというわけです。

帆乃花「かわいらしい神社だね」

そう言いながら鳥居の前に立つと、もうすでにピリッとした雰囲気が伝わってきて、「うわっ、これはすごい」と思いました。

そこで手を合わせ、神さまに向かってご挨拶すると、先ほどのみそぎ池とは違う意味でびっくりしました。なぜなら、この神さまの格式がとても高いのです。

自分の名前を名乗ると、紫色の光の中に女神さまがいらっしゃるのが見えました。

そのビジョンがとても神々しくて、少し圧倒されたような気持ちでいると、
女神さま「よく来た。そなたが来たからにはわかるはず」
と、まず声が降りてきました。
女神さま「呼び寄せ、集い、話し合いなさい。皆で祭りをしなさい」
と言うのです。これはいったいどんな意味なのでしょう。

普通なら「〇〇しなさい」といえば命令口調に聞こえますが、この女神さまの声は柔らかく、神々しい雰囲気で、命令している感じではありません。

ビジョンの中では、八、九人の神さまが円になって座り、何かを熱心に話し合う様子も見えてきたのでした。

チャネリングしている私に気を遣って、鳥居の外で待っていたふたりは、そのメッセージを聞くなり、
リカ「向こうの看板に書かれた神さまの人数も九人だったよ！」

みえこ「うんうん、神社縁起に書いてあった」

と言いました。

帆乃花「え、ほんとに？　それはもしかしたら、偶然じゃないかもしれないね」

静かな神社なのに、私はつい興奮して大声が出てしまいました（笑）。

みえこ「でも、この社殿の狭さじゃ、神さま全員は中に入れないよね」
少し天然のみえこはそんなことを言っています。
帆乃花「この社殿の中に神さまが全員集まるってことじゃないよ」
みえこ「やっぱり？　それならよかった」
私のツッコミに、みえこは安心していました（笑）。

そして、もう一度境内に入って拝殿の脇を見てみると、なんとそこには、

「日の光日の光　日月天の祭ごとをした大事な場所」

と書かれている石碑があったのです。それを見て私は思わず、
帆乃花「見てみてー！　今言ったことがそのまま石碑に書かれてるよ！」

と言って、わざわざ石碑の前でピースした記念写真を撮ってもらいました。

リカ「出た、帆乃花ちゃんのドヤ顔だ！」

こんなふうに、チャネリングしたことが証明された瞬間が、実はとっても嬉しいのです。

～みそぎ御殿の神さまの言葉～

呼び寄せ、集い、話し合いなさい。

皆をまとめて祭りをしなさい。
人の世も同じ。その祭りが政（まつり）となる。

〈言葉の意味〉

わざわざ漢字で、「〝祭り〟が〝政（まつり）〟になる」というメッセージを見せられたので、漢字の意味が気になり、あとで調べてみると、やっぱりそうかと納得がいきました。

私なりの解釈をおりまぜながらお話させていただきますね。

「祭」と「政」という字は、一見すると関係ないようにも思えますが、私たちがお互いの役割を認め合い、お互いに協力し、楽しく話し合いながら活動していく、それが人の世の「政（まつりごと）」となる。そのような意味だと思います。

政治とは、もともとそのような成り立ちでできたものである、ということではないでしょうか。

これから私たち一般の人々が国をつくるといえば当たり前に聞こえるかもしれませんが、個人レベルで発生しているそれぞれのコミュニティがまつりごとをしていけば、その輪がいずれ広がって、社会的な流れを生み出し、やがては国の動きとなる、ということなのではないでしょうか。

《大分》

宇《う》佐《さ》神宮

――日本に走るエネルギーのポイント

素晴らしい景色とは裏腹に……

次に訪れたのは、大分県の宇佐神宮。実は、チャネリングの旅に出かける前に、神さまに「どこへ行くべきか」を尋ねて瞑想したのですが、ビジョンで日本地図が浮かんできて、その中でも線や色によってポイントとなる場所が見えてきたのでした。

それらを忘れないうちにメモして、あとで地図を確認してみると、その大きなポイントのひとつとして、大分県の宇佐神宮が出てきたのです。

とはいえ、そのことは深く追求せず、みんなで楽しくドライブしながら現地に向かいました。

さすがは全国に四万社以上ある八幡宮の「総本宮」と呼ばれている場所でした。神社に到

着して、まず、その規模の大きさにびっくりしました。

境内が広すぎて、どこからまわればいいのかわからなくなってしまい、何度か訪れたことがあるというみえこが、「まず下宮から参拝しよう」と、道案内してくれました。

この宇佐神宮は、国宝の本殿である上宮が山頂に、下宮が山麓に鎮座しており、両宮にはどちらも三柱の神さまが祀られています。また、樹齢八百年にもなるご神木など、見どころもたくさんあります。

社殿までの参道は広く、まるで山の中を歩いているような気分になりました。周りは元気な木ばかりで、清々しい気持ちのよい場所でした。

ところが、そんな素晴らしい場所なのに、下宮でチャネリングをしても、なぜか神さまのメッセージが降りてこないのです。

帆乃花「うーん、私が調子悪いのかな……」

と思ってもう一度集中してみると、とあるビジョンが見えてきました。

それは、神社の現状のようなものでしたが、正直なところ、あまりよくない内容といえるビジョンでした。さて、どうしたものかと考えていると、次に行った上宮のほうで、それに答えるようなメッセージが入りました。

神さま「からまった根は深い。それを暴くはそなたの役目にあらず」

帆乃花「わかりました。そのようにします」

私は心の中で神さまと約束をしました。そんなわけで、チャネリングの内容についてはここでは触れずにおきたいと思います。

神さまの世界はこの世と呼応している

宇佐で見たビジョンについてはあえて触れませんが、その代わりに、みなさんが神さまとご縁をむすぶために必要なことを伝えておきます。

まず、このチャネリングの旅の全体を通して私が感じた、神さまが神社に降りていない理由（または本来の力を発揮できていない理由）です。

これはすべての神社に当てはまるわけではないので、誤解しないでほしいのですが、ほとんどの神社の場合は、私たち人間と自然のエネルギーダウンが原因だと思います。

それはどんな感じかといえば、その場に流れるエネルギーのクリアさと純度が下がっているとき、だと言えます。

さらに力を発揮するために大事なのは、神社のある環境（自然）と、そこに勤めている神職の方々、そして訪れる参拝者のエネルギーバランスが、全部気持ちよく保たれていることです。ということは、当然ながら、参拝者である私たちの意識がどうであるかも大切になってきます。

神社に流れているエネルギーが清らかであって、純粋であればあるほど、そこにいらっしゃる神さまも、強い力を発揮できるようになるのです。

つまり、神さまの世界は、人間界や自然界と呼応してある、ということなのです。

エネルギーダウンした神社で開運はできない？

エネルギーダウンした神社で開運できないか、ということについてもお話ししておきます。

実は一概にそうとは言えないのですが、その理由を人間関係に置き換えて説明しましょう。

たとえば、みなさんの大切な友人が悩んでいたり病気になったりしたとき、苦しんでいるときに、会うのをやめるでしょうか？　そんなときにこそ、会って話を聞いて、励ましたり支えようとしたりするのが真の友情ではないでしょうか。

そのような関係を築いていると、逆に自分がつらいときにも、同じように友人に助けてもらえます。自分が助けてもらうために人を助けるわけではありませんが、人のことを助けていると、結果として自分に還ってくるのです。

神さまや神社との関係もそれと同じです。たとえエネルギーダウンしているときでも、自分の元気を分けてあげるくらいの気持ちで、感謝を込めて参拝する。そういう人は、人からも神さまからも愛されます。

そうして運気がどんどん上がっていきます。

「開運」は求めて得られるものではなく、むしろ自分から与えることで道が開かれていきます。これが知られざる開運方法です。

《宮崎》

高千穂神社
――無邪気さも神さまの力

神さまは白馬の王子さま？

宮崎県高千穂で、もっとも有名な観光スポットといえば、やはり高千穂峡と高千穂神社です。私たちは、まず先に高千穂峡に向かいました。

高千穂峡では、滝の流れのおかげで素晴らしい浄化のパワーを感じられました。そうして心身のエネルギーがクリアになったところで、高千穂神社に向かうことにしました。この順番は偶然そうなったのですが、実際にしてみるととてもよいと思うので、みなさんもぜひお試しください。

さて、高千穂神社の見どころは、樹齢八百年ともいわれる巨大な「秩父杉」と、二本の杉の幹が根元で一本につながった「夫婦杉」です。

秩父杉の木は古くなり、幹の部分が少し割れてしまっていましたが、それでもまだ木は活き活きとして、葉っぱは青々と輝いていました。

ご神木は神社に流れるエネルギーの強さをあらわしていて、神社が元気かどうかのバロメーターでもあります。こちらのご神木は、樹齢は古いようですがまだお元気でした。そして、神社全体のエネルギーもとてもピュアで、品格がありながらも、どこか軽やかさがあります。

この神社には面白い言い伝えがあります。それは夫婦杉のご神木の周りを、カップルや友人同士で手をつなぎ、グルグルと三回まわると幸せになれるというものです。

それを聞いた私たちは、もちろん手をつないで、夫婦杉の周りを三回まわりました。

すると、あるビジョンが見えてきました。それは白い雲のように霞がかった空から、少年の神さまが地上

に降りてくるというものです。姿はとても爽やかで、イケメンのオーラが漂う神さまです（笑）。

帆乃花「なんか、イケメンの神さまが白馬にまたがってるように見えるけど、あれは雲かな？　雲の中から降りてきてるよ」

みえこ「え、どこどこ？　もしかして私を迎えにきてくれたんじゃない？（笑）」

そんな話をして、みんな無邪気にワイワイ盛り上がっていました。

神さまの名前は「音」のエネルギー

ここで少し補足しておきますと、実は、私自身が「神さまが誰か」ということに興味がないため、チャネリングをするときに、神さまに名前を尋ねることはほとんどありません。

そのため、神社に伝わっている「ご祭神」と、「チャネリングした神さま」が同一人物であるかは確認できておりません。

ただ、神さまの姿とメッセージの内容から、ご祭神の名前の「音」が持つエネルギーと同じかどうかというのは、気になってあとで確認していました。中にはご祭神をあとで知って、「ほんとにその神さまがいらっしゃるの？」というような神社もあったわけですが、それはそれでさほど重要なこととは思いませんでした。神さまにとって名前は必要がないですし、チャネリングのときに神さまが自ら名を名乗ることもなかったからです。

さて、話は元に戻りますが、私が高千穂神社で見た少年の神さまは、おそらく「音」から、ニニギノミコトと呼ばれる神さまだったのだろうと思います。

このニニギは、日本神話ではアマテラスの孫にあたるとされますが、日本を統治するために天から高千穂峰に降りてきたとされているのです。

ビジョンによれば、高千穂神社にはニニギとは別に、威厳のある格式の高い神さまがいらっしゃいましたが、残念ながらこの日は私の集中力が途切れ、会話をすることはかないませんでした。

神さまの存在を体現する神社

高千穂神社は、「人」と「神さま」と「自然」が三位一体となっている、素晴らしい神社だと思いました。

日本神話ゆかりの神社で、古く格式が高いのですが、そうかといって緊張感はなく、鳥居のあたりからすでに、参拝者を迎え入れるような優しい雰囲気があります。

境内に一歩足を踏み入れると、閉ざされた感じがまったくなく、かといって大衆的すぎるわけでもなく、体感するのは心地よいバランスのエネルギーなのです。

私たちの横を通りかかった宮司さんが、参道に落ちているゴミを見つけて、さっと拾われていたのを見ましたが、この神社を大切にしているふるまいが、神社のエネルギーをますます清らかなものにしているのだろうと感じました。

優しい宮司さんに感謝

私たちが参拝を終えたのは社務所が閉まる寸前でしたが、「せっかく来たのだから」と、お守りを買いに走りました。

するとそこに、かわいい神さまグッズがずらりと並んでいたのです。

たくさん並んだお守りの中でも、私はピッカーンと光る「幸せむすび守り」を発見しました。

帆乃花「私、これ買う！」

すかさず言うと、
みえこ「帆乃花ちゃんがお守り買うって珍しいね」

と言いながら、自分の買うお守りを選んでいるみえこは、さすがの目ざとさです（笑）。

このお守りは、和柄の布のリボンに二色の鈴がつき、カラーバリエーションも豊富です。

帆乃花「リボンは赤がかわいいかも。でも、紫も捨てがたいし、どれにしよう?」
リカ「私はピンクの鈴がいいかな。黄色もかわいいけど」
みえこ「っていうか、ぜんぶかわいい!」
神社ということを忘れて盛り上がっていると、宮司さんが出てきました。
みえこ「すみません、もう閉める時間ですよね。このお守りがかわいいので、どれにするか迷ってしまったんです」
宮司さん「そうなんですか。そのお守りなら、裏にもっと種類があるので、お出ししますね」
なんて親切な宮司さんでしょう。巫女さんに頼むことなく、奥の棚からお守りを出してきてくれました。
三人「うわー、嬉しいです! どうもありがとうございます!」
リカ「どれもかわいくて、ますます選べない〜!」
宮司さん「大丈夫ですよ。まだ時間はありますから、ゆっくりご覧になってくださいね」
宮司さんはにこにこしながら、私たちが選び終わるまで待っていてくれました。
それぞれにお土産用のお守りをゲットし、ほんわかした気持ちで神社をあとにしました。
みえこ「宮司さん、ほんと素敵だったね! ニニギのお父さんかもしれないね」
と、またまた車中でひとしきり盛り上がって帰りました。

《宮崎》

鵜《う》戸《ど》神宮

――波に乗って、人生の目的地へ！

ウミガメのサーフィン!?

翌日、大盛り上がりの私たちが向かったのは、日向灘《ひゅうがなだ》に面した岬の突端に位置する鵜戸神宮。ここは宮崎県の中でも人気観光地のため、賑やかな雰囲気でした。

そして、高千穂神社の項で紹介したニニギと、その妻コノハナノサクヤヒメの子どもの、海幸彦と山幸彦という兄弟がいるといわれている場所なのだそうです。こういう神話を教えてくれるのがみえこですが、いつも車中で寝ている私は、その話もほとんど聞かずに神社に到着してしまいました（笑）。

鵜戸神宮で、まず素晴らしいと感じたのは、海際を歩いていく開けた参道です。

山岳系の神社とは対照的に、海沿いの道は明るく開放的で、いかにも南国らしいムードな

のです。

洞窟に造られた社殿へ行くまで、橋を渡って長い階段を下りて行くのですが、まるで冒険しているみたいでワクワクしました。

さて、目的地の洞窟に到着してみるとびっくりです。そこは約三百坪という巨大な洞窟で、「どうやって建てたんだろう」と思うほど、立派な朱塗りの社殿が建っていました。

洞窟とはいえ、岩の入り口が大きく開けています。

リカ「うわーっ、これはすごいね」

ここにはじめて訪れたふたりは、とにかく社殿の強引な建て方にびっくりしていました。

早速、三人並んで神さまにご挨拶をしていると、さっきまで観光客がいっぱいだったのに、いつものように人払いされたので、ありがたくそのままチャネリングを始めました。

するとビジョンの中で目の前に海が広がり、大きな亀がこちらに向かって迫ってくるのが見えました。

帆乃花「大きい金色の亀！　でも亀にしては大きすぎるよね……。というか、ここの神さまってウミガメ？」

頭の中でツッコミを入れながら、目を開けると、もうそこにふたりの姿はありません。すでに社殿の後ろをまわって、社務所の前で「こっちこっち」と手を振っています。

みえこ「帆乃花ちゃん、早く！　これやってみようよー」

目を開けたばかりでよくわかりませんが、何やら楽しそうです。

神社の運玉で運試し！

ふたりが私を呼んでいたのは、「運玉《うんだま》」という運試しのイベントをやりたいからでした。

運玉というのは、素焼きで「運」と書かれた玉を海にポーンと投げて、そこから五メートル先の「亀石」のくぼみに落ちれば、どんな願い事も叶うというイベントです。

鵜戸神宮の明るい雰囲気にピッタリの遊びだと思い、やる気になりました。

すでにたくさんの人たちが海に向かって並んで投げています。ふたりはもう運玉を手にしていました。

上から見た亀石のくぼみには、運玉がいっぱい入っています。

リカ「よーし、入れちゃうよ！」

遊びといえど真剣に投げるのが友人たち。そしてその横で「キャーッ」と、ひとりで大騒ぎをしていた私。

そうです。実は私、運動神経というものが発達していない、運動オンチなのです（笑）。

みえこ「帆乃花ちゃん、今どこに投げたの？」

的外れな運玉を見てふたりは大笑いしています。私の運玉だけが、全然違う方向に行くので、きっと周りの人には子どもが投げていると思われたことでしょう。

〜ウミガメさまのメッセージ〜

波に乗れば、早く簡単に目的地に着く。

時の波、世の波に乗りなさい。


〈メッセージの意味〉

亀と聞いて思い出すのは、やはり江島神社の亀さまでしょう。江島神社の亀さまは、背中に弁天さまを乗せて、運命の人の元に連れて行くという「恋愛成就」のご利益をもたらしてくれていましたが、こちらのウミガメさまは、どちらかといえば恋愛よりも「商売繁盛」。貿易、流通業、広告関係など、物や情報が世間に広がっていくことを押す力をお持ちです。世の時流や経済の動向に乗って仕事が上手くいくという、現世的なご利益がある神社なのです。

そのご利益を授かるために、自分が持っているものを世間に納得して出せるかを、自分の胸に聞いてからお参りをしましょう。

世の流行に乗るというのは、人智のおよばないようなところがありますので、神さまの後押しをいただけるとよいでしょう。世のため人のためになるものを生みだすということは、神さまのご加護を得て、成功するための条件なのです。

稲荷神社で小判が見えた！

鵜戸神宮の参道には、あまり目立ちませんが、立派なお稲荷さんがあります。

お稲荷さん好きのリカがそれを見過ごすはずがなく、ついでに参拝しようということになりました。

正式名称を「鵜戸稲荷神社」というそうです。参拝者の多くはメインの鵜戸神宮にいるので、その時、参拝者は私たちだけでした。

階段を上がって行くと、こじんまりとしながらもきれいに整った社殿があります。

どうやらこちらに狐さんはいないとわかりました。その代わりにいたのは、どなたかわかりませんが、存在感の温かな神さまのようです。

こちらの神さまとはチャネリングでつながりやすくて、目をつぶった瞬間、
神さま「そなたたちの道行く先は、神の道」

という言葉がすぐに入ってきました。

どうも、これは私たち三人に向けてのメッセージらしいのですが、読者のみなさんにも参考になると思いますので、いちおう解釈をお伝えしておきます。

まず、「神の道」というのは、私とリカとみえこがチャネリングをして通って来た旅の道のことを言われています。そして、「道行く先」ということは、これからもその旅が続くことを神さまは知っていますよ、ということです。

神さま「この道を記して世に出し、小判にしなさい」

とも言われましたが、記すということは、つまり本を書けということでしょう。

それから、神さまは親切にも、小判の小さい山がピカーンと光っているビジョンを見せてくれました。そして、
神さま「それをまた、神に奉納しなさい」

と、本を出して少しなりとも収入が得られたら、それをまた神社に奉納しなさい、と教え

てくれました。さらに続いて、

神さま「極楽とは、楽しみながら豊かになり、それをまた神に感謝し捧げて巡ること。豊かさが巡り巡ってくるところ、それが極楽」

とも言われました。

心もお金も、豊かさに満ちていることはこの世の幸せということなのでしょう。

その結果をリカとみえこに伝えると、話し終わった瞬間にセミがミーンミーンと鳴き出しました。

みえこ「急にセミが鳴き出したね」

帆乃花「これ、〝それでいい〟っていう神さまのサインだよ」

リカ「セミで教えてくれるなんて、神さまって粋だよね」

ふたりはもう一度手を合わせて、神さまにお礼のご挨拶をしていました。

《宮崎》

青島神社

——子ども心に返る場所

海で「鬼」を発見！

次に行った場所が、青島神社という小さな島の上に建てられた神社です。

ここは巨人軍の選手がキャンプ入りをして参拝したこともあるとかで、有名な場所だそうです。そこへの道すがら、車から海を眺めていると、小さな鬼たちが遊んでいるビジョンが浮かびました。

帆乃花「ビジョンの中で鬼が見えたよ！」

自分でも不思議に思ってそう言うと、

みえこ「もう少し行くと、鬼の洗濯板っていうところがあるけど、そのこと？」

と、みえこが驚いています。

帆乃花「鬼の洗濯板って、なに？」

みえこの話によれば、「鬼の洗濯板」というのは、島の周りに広がるノコギリ歯状の波状岩が洗濯板のようだという、地元で知らない人はいない天然記念物なのだそうです。

私はそんなことは全然知らなかったのに、鬼のビジョンが見えてきたことにびっくりです。

リカ「ほんとに鬼っているんだ」

みえこ「もしかしたら、鬼の洗濯板って名付けた人もチャネってたかもね」

ふたりともノリがいいので、疑わず信じてくれました。

そこでさらに見えてきたのは、小さな赤鬼と青鬼が海岸で遊んでいるというビジョンです。

まったく怖い感じがなかったので、鬼ってかわいいと思いました（笑）。

境内でぴょんぴょん跳ぶウサギ

青島神社は海の中にぽっかりと浮かんでいるので、神社なのにきれいな砂浜があります。

ザブーンと心地よい波音も近くに聞こえてきて、とても気持ちのいい場所でした。

砂浜には遊んでいる人が何人もいたのですが、いざ社殿へ行くとやっぱり人払いされて、私たちだけになりました。

すでに場のエネルギーが軽やかなのはわかりましたが、そこでチャネリングをしてみると、白いウサギが五、六羽、境内でぴょんぴょんと、かわいらしく跳びはねているのが見えたのです。

帆乃花「かわいい！　ウサギがいる」

と、思わず声に出して言ってしまいました。「でも、どうしてウサギ？」と思いながら、ウサギからメッセージが受け取れるか集中してみましたが、ウサギだからでしょうか、言葉はまったく入ってきません。

帆乃花「ここはウサギたちの遊び場ってことね」

と、私はこの場のエネルギーから感じてみることにしました。

帆乃花「ここには神さまというより、ウサギがいるよ」

ふたり「亀の次はウサギ？」

と、さすがのふたりも半信半疑でした（笑）。

遊ぶことも神ごと

みえこ「まさかウサギがいるとは思わなかったね」

そんな話をしながら、帰り道、青島神社の鳥居を出て少し離れたところに、ご由緒が書かれた看板を見つけました。

それを読んでみると、この場所は日本神話に登場する海幸彦・山幸彦兄弟の遊び場だったところで、「ふたりはよくウサギと遊んでいた」ということが書かれていました。

帆乃花「これこれ。写真撮って！」

みえこ「信じられない！　本当にウサギがいたんだ」

すかさずポーズを取ると、

リカ「また出た、帆乃花ちゃんのドヤ顔！」

と、ふたりに笑われてしまいました。

リカ「帆乃花ちゃん、やっぱりちゃんとチャネリングしてるんだね」

帆乃花「え？　まさか、今まで疑ってたの？（笑）」

みえこ「リカちゃん、今さら？」

私たちはまたまた爆笑しながら、神社をあとにしました。

～ウサギのいた「場」からのメッセージ～

さて、ウサギからのメッセージです、と言いたいところですが、ウサギは何も話さなかったので、代わりに「場」から読み取ったメッセージをお伝えしておきます。

こちらの神社は、神社というより学校の校庭のような遊び場という雰囲気があります。ウサギたちの存在にしろ、子どもたちがはしゃいで遊んでいるイメージとピッタリです。そしておそらくですが、大人がこの場所を訪れても、楽しい場からエネルギーを無意識に受け取って、無邪気な子ども心に返れるでしょう。友だちと砂浜で貝殻を拾ったり、海に入って遊んだりして、楽しくお参りができる神社でもあります。

また、嫌な事を忘れたい、気持ちをリフレッシュさせたいなどと思ったときには、特にオススメの場所です。おそらく帰る頃には心身がスッキリして、見た目も若返っているはずです。

《宮崎》

都《つ》農《の》神社

——神さまが降りるとその地は繁栄する

神さまはどこに?

九州の旅の最後に訪れたのが、日向国一宮の都農神社という、宮崎出身のみえこの実家のそばにある神社です。

みえこの話によると、家族みんなが氏神さまとしてこの神さまを慕っていて、みえこのご両親も都農神社のチャネリングが気になるとのことなので、「それならみんなで参拝しよう」ということになりました。

この日は歓迎の雨がしとしとと降っていて、そのためか参拝客は私たちだけでした。

都農神社は、神社の本殿が再建されたばかりらしく、広い境内に、威風堂々とした美しい社殿が建っていました。一見して、かなりいい雰囲気の場所だとわかります。ところが、帆乃花「ん？　なんだかエネルギーが軽い気がするけど」
と、少し違和感を覚えましたが、特に気にせず、神さまにご挨拶をしました。
みえこ「帆乃花ちゃん、私たち向こうで待っているからよろしくね」
と、いつものように気を利かせて、少し離れて待っていてくれました。

チャネリングで見たビジョンによれば、ここには神さまがいるにはいるのですが、新しい社殿にうまく降りられないということでした。神さまも本殿の上に浮かんで見えました。

神さま「鎮座すべきところ」

という言葉が降りてきました。本来は神さまが鎮座するべきところに、鎮座できていないということなのでしょう。神社自体はよい雰囲気なのに、と思うと、ふと本殿の脇にある小さなお社が気になりました。

それを眺めていると、みえこのご両親が、「この裏側にも神さまをお祀りしているんですよ」と教えてくれました。実際にそこへ行ってみると、「素戔嗚《すさのお》神社」と書かれていました。

私はなぜか、「ここでチャネリングしなくてはならない」という使命感にかられて、手を合わせました。

～素戔嗚神社の神さまの言葉～

この地は農の都。豊かな土地。神が降りれば実りある、楽園の土地。
わが御霊《みたま》。恐れ多くかしこきも、わが御霊。しかと祀りたまへ。

〈言葉の意味〉

神さまからのビジョンで、花とフルーツが一面に実っている光景を見せられました。この都農は、まさに土地の名の通りだというメッセージでした。

今の都農も、マンゴー、キウイなどのフルーツが特産品で、農業がさかんな地域ではありますが、もっと豊かに栄えるであろうというメッセージでした。

なぜ、今そうなっていないのかというと、神社に神さまが降りていないからです。つまり、土地の繁栄と神さまの関係は、それほどまでに密接だということです。

お参りのあとで、もう一度手を合わせて「神さま、どうぞ私たちにできることを教えてください。あなたさまがここに鎮座するためにお役に立てることがあれば、できる限りのことをいたします」

とお伝えしました。

「神さまはこちら」という目印を買う

みえこ「チャネリングはどうだった？」

全員が興味津々で、私の言葉に耳を傾けます。神さまが降りられていなかったことを正直に話すと、

みえこ「まさか、そんなことになってるなんて」

リカ「うーん、どうしたらいいのかな」

と、みんなショックを受けていました。とりあえず社務所に行こうと歩き出したところで、「あっ！　これよくない？」と、みえこがある案内文を見つけました。

みえこ「三千円納めれば、のぼりが奉納できるんだって」

リカ「それいいね！　私たちにもできることだし」

帆乃花「神さまのいらっしゃるほうに立てられるといいな。のぼりに気付いてくれた人がお社にお参りしてくれるように」

リカ「そのアイデアいいね。神主さんに聞いてみよう」

そこで神主さんに尋ねると、「いいですよ」と快諾してくれました。

今回の旅にいない友人の分ののぼりも申し込んで、ほっとしたところで再び小さなお社のほうへ行きました。

帆乃花「神さま、これでよかったでしょうか？　どうぞ無事にご鎮座されますように」

すると思いがけず、神さまから、
神さま「恐れ多きかしこくも、わが御霊。のちの世に築く礎《いしずえ》となる計らいを、感謝いたす、感謝いたす、感謝いたす」

と、メッセージが降りてきました。

帆乃花「三度も〝感謝いたす〟と言われたよ！」

そう思うと胸にじわーっと温かいものを感じて、とても幸せな気持ちになりました。

この神さまからの言葉を伝えると、それまで心配してくれていたみえこのご両親も、「よかった、よかった」と安心してくれました。

そして、この一年後、私たちは驚きの光景を見ることになるのです。

神さまが降りた現実

私たちが再び都農神社を訪れたのは、それから一年後のことでした。

神社から送られてきた葉書で、のぼりが無事にお社のほうに立てられていることを知り、みんなで「よかったね」と言って喜んでいました。

そして今回の再訪問です。

帆乃花「もう神さまは降りられているかな？」

と、期待していた私は、ワクワクした気持ちで神社に向かいました。

すると、神社の駐車場に入る手前の道路から、何やら赤いものが見えてきたのです。

みえこ「帆乃花ちゃん、もしかして、あれって……？」

帆乃花「まさか、嘘でしょ!?」

私たちは顔を見合わせて急いで車を降りました。

参道のほうへ歩いて行くと、そのまさかの光景が広がっているではありませんか。参道の両脇にはぎっしりと赤いのぼりが並んで、それが鳥居の外の道路まで続いています。

みえこ「えーっ、すごい！　なにこの数!!」

子どもの頃から神社にお参りしているみえこも、悲鳴を上げたほどです。

一年前に私たちがここへ来た時は、のぼりはまばらに数本あるだけでした。

帆乃花「一年でこんなに増えるなんて、ありえないよね！」

そう言いながら、この時私は、社殿に神さまが降りられているに違いないと、もう確信していました。

早速、本殿でご挨拶をしてチャネリングを試してみました。前回は神さまが上にいてつながらなかった場所です。

心の中では、「どんな言葉をくださるんだろう？」とドキドキしていましたが、不安や期待があると神さまとつながらなくなるので、いったんチャンネルを切り替えて集中していました。

すると、すぐにビジョンが見えてきました。

打ち出の小槌を持った大黒さまのような、ふくよかな神さまが、とても楽しそうに、踊っているのかスキップしているのか、左右にゆさゆさと揺れながら出てきました。

そして、私たちにこんなメッセージを伝えてくれたのです。

神さま「この地に鎮座し、これでわが力が発揮できる。この地は潤い栄える。そなたたちのおかげ。そなたたちのおかげ。私に愛されたからには福来たる。福来たる。身も心も幸せなり」

今回「そなたたちのおかげ」と、二回繰り返されたのは、私たちがふたりで参拝したからでしょう。神さまにはそんなことまで全部お見通しのようなのです。

しかも、ご自分の素晴らしい力が発揮できることを、「そなたたちのおかげ」と言ってくれている、神さまの謙虚な愛に触れることができて、私は改めて「神さまって素晴らしい」と感激してしまいました。

帆乃花「こちらこそお役に立てて光栄です。ありがとうございます」

深々とお礼をして、社務所に向かいました。

昨年お会いした神主さんがいらっしゃったので、みえこがすかさず呼び止めました。
みえこ「私たちは去年のぼりを奉納させていただいたんですが、その時はまだ本殿の前に数本しかなかったと思うんです。どうしてこんなに増えたんでしょう?」
神主さんはそれを聞いて嬉しそうに、
神主さん「それがですね、実は、最近のぼりの製造が間に合わないほどご奉納いただいておりまして」
みえこ「えっ、製造が間に合わないほど!」
神主さん「はい。まだ百本以上も立てられずにいるので、私たちもびっくりしています」

それを聞いて、心の中で「やったー」と思いました。神社をあとにしながら、
みえこ「奇跡が起こってるね！　神さまが安心していらっしゃると、神社も豊かになるってことなんだね」
帆乃花「とにかくよかったねー」
私たちはとても嬉しい気持ちで帰ってきました。

とはいえ実際のところ、私たちが奉納したのぼりが、神さまが降りるきっかけとなったのかどうかはよくわかりません。それを証明する手立てがないからです。

ですが、神さまを敬い、感謝するという気持ちが、目に見えないところで神さまに伝わっているということが今回よくわかりました。みなさんが神さまに心からの感謝の気持ちをお伝えすれば、その気持ちは確かに伝わっていると思うのです。

そしておそらくですが、神さまからのメッセージ通り力が発揮されると、その土地とそこに住む人々、そして縁あるものすべてが守られるのだと思います。そうしてまたみなさんが幸せになれるように、神さまは力を発揮してくれているのです。

《名古屋》

熱田《あつた》神宮

——剣は動かしてこそ役に立つ

再び子どもの神さまを発見！

熱田神宮は、愛知県名古屋市にある「尾張国三宮」の神社で、「三種の神器」のうちの「草薙剣《くさなぎのつるぎ》」が祀られているといわれています。

ちなみに、「草薙剣」以外の神器は、それぞれ別の神社にあり、今は「八咫鏡《やたのかがみ》」が伊勢神宮の内宮に、「八尺瓊勾玉《やさかにのまがたま》」が皇居の御所にあるそうです。

子どもの時ぶりに訪れたので、神社の外観もうろ覚えで、前に来た時の記憶はほとんどなく、

帆乃花「うわ～！　こんなに広かったんだ」

と、ただびっくりしました。町中なのに広大な森のような敷地。さすが、三種の神器を奉納された神社だと感じました。

伊勢神宮と同じ、神明造《しんめいづくり》という社殿の前に、玉砂利の空間が広がっています。そこでご挨拶を終えると、他の参拝者の邪魔にならないような場所で、チャネリングを始めました。

ところが、なぜか全然集中することができません。しばらくがんばってみましたが、ムダだとわかり、裏手の森を歩いてみることにしました。

参道の大楠も素晴らしかったのですが、裏の森も気持ちのいい空気に包まれています。本宮の裏側にある一之御前《いちのみさき》神社という摂社にご挨拶をしました。すると、

神さま「こちらを参られればよろしかろう」

という言葉が入ってきたので、なんでだろうと意外に思いました。

帆乃花「向こうでメッセージが入ってこなかったのは、こちらに呼ばれたからなのかな」

と思いながら、本宮のところに戻ってきました。

帆乃花「少し時間がかかったらごめんね」

と友人に伝え、もう一度チャネリングをしてみると、今度はビジョンが入ってきたのですが、見えたのは神さまというより、どこか神さまのお使いのような小さな少年の姿でした。

その少年がさっきの広い玉砂利の空間にいます。年齢は人間でいえば十歳くらい。

帆乃花「神さまなのに若い」

と、心の中で思ったほどです（笑）。

その子はつまらなさそうに小石を蹴って、ふてくされたような感じにも見えました。

帆乃花「どう見ても人間だけど神さまなのかな？ もしかして、これがヤマトタケルノミコト？」

そう思って、神さまから言葉が入ってくるのを待ちました。

～熱田神宮の神さまの言葉～

この土地に留められているけれど、私は本当はここにいるべきものではない。

ここから出て解き放たれたときに、この地に光がさすことになる。

剣を持ち、西へ東へと動かすのが、私の役割。私と剣は一心同体。

〈言葉の意味〉

「三種の神器」というもの自体、その存在がいまだに謎に包まれているそうですが、私の見解では、三種の神器は「この世の真理を象徴するもの」という感覚があります。

剣をエネルギーに置き換えてもいいのではないかと思います。

理由があり、このメッセージにあえて解釈は入れませんので、みなさんの自由な想像にお任せしたいと思います。

代わりに以前、私たちが参拝した出雲にある須我神社の奥宮で、剣を腰に差した神さまがこんなメッセージを伝えてくれましたので、ご紹介しておきます。

剣は神の世では必要ない。地上界だからこそ、剣の使い道がある。
剣は邪悪なものをたち切るためにある。
邪悪なものがあるからこそ剣があり、剣は使ってこその剣である。

先ほどのメッセージの補足になるような内容ですよね。

須我神社は、スサノオがヤマタノオロチ退治のあとに建てたといわれる宮殿が、のちに神社になったと伝えられていますが、退治した時にしっぽから出たといわれる剣と、この熱田神宮にあるといわれる三種の神器の剣は、果たして同じものなのでしょうか？　そんなふうに神話を推理してみると面白いですよね。

《千葉》

香取《かとり》神宮

――奥宮と要石も忘れず参拝しよう！

神さまとつながらない

ところ変わって、東京から日帰りで、千葉県にある香取神宮と、茨城県にある鹿島神宮に行ってきました。これはあとで得た情報ですが、ここは二社とも古く皇室からの信頼も厚かった神社で、平安時代には伊勢神宮と共に「神宮」の称号を与えられていたそうです。

まず行ったのは、「下総国《しもうさのくに》一宮」といわれる香取神宮。

鳥居までの道に、お土産屋さんや食事処が並んでいる「参道商店会」があり、「昔はさぞかし参拝客で賑わったんだろうな」と思う風情がありました。

大鳥居をくぐり、少し上り坂になっている参道を歩くと、さらに石段があり、総門、楼門という立派な二段構えになっていました。

そして門をくぐるといよいよ拝殿、本殿にたどり着きますが、こちらもやはり「一宮」の名に恥じない堂々とした造りで、一宮ならではの荘厳さに加え、華やかさも感じられる佇まいです。

そこでいつも通りのご挨拶をして、チャネリングを始めましたが、こんなに立派なのに不思議と何も感じません。

帆乃花「？　？　？」

もう一度仕切り直して、少し横にずれて、目を閉じ手を合わせました。

すると、お賽銭箱の横でおみくじを引いていたカップルが、突然大きな声で、

女性「大吉だって、やった～！　金運が上がるらしいよ！」

男性「マジで？　宝くじ当たったらおごってよ」

と話し出したのです。

そのあとも、「金運がいちばん重要でしょー」などと言って騒いでいます。人払いがされた今までのチャネリングではあり得なかった状況に、

帆乃花「うそ～、こんなこともあるんだ」

とびっくりしてしまいました。

ただし、誤解のないようにお伝えしておくと、楽しそうに盛り上がっているこのふたりを見て、どうこう言いたいわけではありません。なぜなら、神社とはいえ、楽しんでお参りす

るのはいいことですから、迷惑行為でない限りは問題ありません。

それよりも問題なのは、「チャネリングなのに集中できない状況がつくられてしまった」ということなのです。それもまた必然であり、単なる偶然ではないということなのでしょう。

これまでに全国の神社で、いろいろな神さまとチャネリングをしてきましたが、そのタイミングが来れば、自然と人払いされます。人払いというのは、どんなに人がいても周りに人がいなくなり、人がいたとしても、静かに集中できる状況になることを言うのです。

帆乃花「なるほど」

神さまからメッセージが入ってこない理由が、この現象のおかげでよくわかりました。代わりに「場」を読みとって、できるだけ言葉にしてみました。

場のメッセージ「かつては抑えていたが、今は抑えられない。何があっても仕方ない。かの地に追いやられている以上は」

このメッセージの「かの地に追いやられている」というのが、どこのことかわかりませんでしたが、歴史について詳しいみえこに伝えると、
みえこ「私もよくわからないけど、とにかく奥宮へ行ってみよう」

というので、ひとまず本殿をあとにしました。

奥宮に続く不思議な旧参道

香取神宮の奥宮は、本殿から旧参道を通り、百メートルほど離れたところにあります。

みえこ「遠いと思っていたけど、結構近いみたいだね」

どんどん歩いて行くと、途中であきらかにどこかの家の畑のような敷地内を通ります。

帆乃花「本当にこの道で合っているの?」

手持ちの地図を確認しましたが、やはり道は間違っていないようです。

とはいえ、よそさまの庭にずかずか入るような感じだったので、私たちはこっそり小声で、「すみません、おじゃまします」と言いながら通り抜けましたが、頭には「?　?　?」とクエスチョンマークがいっぱいでした。

ここは人里離れた山の中や、山の頂上にある奥宮と違って、神社の真横の林の中にある奥宮なので、すぐ近くに民家があっても確かにおかしくはないのですが、それにしても、奥宮への道はなんとも不思議な感じです。

その奥宮自体はうっそうとした木に囲まれており、奥まったところにありました。

私は、頭のクエスチョンマークはいったん横に置き、チャネリングを試みました。すると、

神さま「形ばかりが整い、御霊が活かしきれていない」

少し小さい声（というか音）で、こんなメッセージが降りてきました。

帆乃花「もしかしたら神さまはここにいらっしゃる？　かの地とはここのことなのかな。それにしてもかなりパワーダウンしてるみたい」

考えながら、もう一度集中して聞き取ってみました。

～香取神宮の神さまの言葉～

形ばかりが整い、御霊が活かしきれていない。
正しく知るものがいない。正しく祀られていない。正しく参られていない。
この神の大きさすごさをわかるものがいない。

〈言葉の意味〉

香取神宮の神社縁起によれば、こちらには「国家鎮護の神さま」といわれるフツヌシオオカミさまが祀られる、香取神宮の総本社とされています。私がこの奥宮で感じた神さまは、男性というより女性的な感じではありますが、さすが全国四百社の総本社の神さまであられるだけに、スケールの大きさは並大抵ではなく、それに加えて優雅な落ち着きがあります。

ですが、今はその力が弱まっているように感じるので、ぜひとも多くの方に奥宮へ参拝いただきたいと願っています。

そして、奥宮の近くに要石《かなめいし》も祀られていますので、こちらも忘れずお参りください。

なぜなら、香取神宮は東国三社のうちの一社として、広く関東地方のエネルギーバランスを安定させるための要《かなめ》となっている場所であり、そこに神さまが存在するからです。特に関東圏に住んでいる方々にとっては、大きな天変地異なく日々無事に過ごせている感謝の気持ちを込めて、どちらも訪れてほしいと思います。

今回はページの都合から、東国三社はこのあとにご紹介する鹿島神宮と二社のみ紹介させていただきましたが実は私たちは東国三社をお参りしています。車で行けば一日で全部まわることもできるので、東国三社参りはぜひ試されてみてください。

残りの一社の**息栖神社**（茨城県神栖市）も、素晴らし

い格式と古い歴史がある神社で、雰囲気的には他の二社のお父さん（またはお爺さん）のようなイメージです。

東国三社をまわれば、それぞれの雰囲気の違いも感じられて、楽しい旅となることでしょう。

《茨城》

鹿島神宮

――自分に打ち勝つ者が勝利する

圧倒的な存在感の雷神さま

東国三社のもう一社、鹿島神宮は、「鹿島アントラーズ」の選手たちも必勝祈願に訪れている神社だそうです。鹿島といえば、かつては武家政権から「武神」として崇められていたそうですが、それをお参りしたあとで聞いて、「それもそうだ」と納得しました。なぜなら、「武神」の名にふさわしく、神社に勇ましく力強いエネルギーが満ち満ちていたからです。

参道の楼門をくぐり、本殿前の拝殿に行きました。

手を合わせたその瞬間、ビジョンで、青白い稲妻が「ズドーン」と落ちるのが見えました。

帆乃花「うわ〜っ、稲妻！　怖い!!」

思わず声を出して、引いてしまいました。

ひょっこりと私の顔をのぞきこんだみえこが、
みえこ「帆乃花ちゃんは知らないようだけど、ここの神さまは、タケミカヅチノオといって、昔、諏訪の神さまにも勝ったといわれる神さまなんだよ」

と、説明してくれました。

帆乃花「どうりで！」

と納得できました。なぜなら、稲妻の光が見えて、雷が直撃するような衝撃が走ったからです。

みえこは、すぐスマホを開いて、
みえこ「あっ、タケミカヅチノオさまは雷神さまみたいだよ。大正解！」

と教えてくれました。もちろん、私もこの時は嬉しくなり、一瞬、例のドヤ顔をしかけましたが、雷が怖くてそれどころではありません（笑）。

この日は閉門間際に訪れたので、すぐに次のチャネリングをしようとすると、
みえこ「ねえねえ。香取神宮のことをどう思ってますか？ って、聞いてみて」

と言い出したのです。

帆乃花「そんなの無理！ 怖いから聞きたくない」

みえこ「大丈夫、大丈夫。だって、どうにかしたいじゃん」

と、ごり押しされて仕方なく、

帆乃花「そんな簡単に言うけど、あの稲妻すごいんだから」
と、渋々チャネリングをし始めると、
神さま「われにまかせておけばそれでよろしい。人間の小賢しさは必要ない」
と即座にピシャリと言われました。
帆乃花「キター！」
私は怖くて、目をパッと開けました。
帆乃花「まだ何も聞いてないのにバシッと言われたよ」
そう言っているのに、みえこは「がんばれー」と言って笑っています。彼女にはビジョンが見えないだけに、他人事なのです。ぐずぐずしていては閉門になってしまうので、
帆乃花「あの、あなたさまは香取神宮について、どう思われますか？」
と、少し控えめにですが尋ねてみました。すると、
神さま「わが身が、わが力があれば問題ない。聞く耳持たぬ」
帆乃花「……」
まさかの返答です。
帆乃花「神さまのドSっぷりがすごいよ」
と、メッセージをそのまま伝えると、みえこは目を輝かせて、
みえこ「カッコイイ～！　私はあなたに一生ついていきます」

とおかしな冗談を言っていますが、笑いごとではありません（笑）。

帆乃花「そんなこと言ってるけど、私の身にもなってよー。有無を言わせない感じがすごくて、震えあがるんだから」

私がさっさと次に行こうとすると、

みえこ「帆乃花ちゃん、ちょっと待ってー。最後にこれだけは確認して」

と、なぜか今日はいつも以上に強引です。

帆乃花「もう、仕方ないな〜。これで最後ね」

そう言って念押ししながら、もう一度手を合わせて、

帆乃花「これで最後の質問です。あなたさまは私たち人間の個人的なお願い事は叶えてくれますか？」

と、みえこに言われた通りの質問をしてみました。すると、今度も間髪を入れず、

神さま「その懐《ふところ》は持っておる。ただし、それが叶うかどうかはそなた次第。おのれの信じる力による」

と、今までよりも少し優しい感じでそう答えてくれたのです。私は予想外の答えに驚き、それを聞いたみえこは「ますますついていきます！」と、両手を合わせて祈願をしていました。

～鹿島神宮の神さまの言葉～

われにまかせておけばそれでよろしい。人間の小賢しさは必要ない。

わが身が、わが力があれば問題ない。聞く耳持たぬ。その懐は持っておる。ただし、願いが叶うかどうかはそなた次第。おのれの信じる力による。

わが懐に入ってきたものはまかせておけ。

〈言葉の意味〉

少し他の神社のメッセージとは違うように感じられると思います。

香取神宮の神さまは、優雅で繊細な女性のエネルギーが感じられましたが、鹿島神宮の神さまは、雄々しく力強さのある男性的なエネルギーが感じられました。

これは香取神宮のくだりでは話していなかったことですが、香取のチャネリングで「両羽」という言葉が

入ってきていました。この「両羽」という言葉とエネルギー的にも、香取と鹿島の両者が対になってバランスを取っているのがわかります。

そして、もう一社の息栖神社は、香取と鹿島を見守っている「親」のような存在だと言いましたが、いつもこの三社のエネルギー的なバランスが取れていることが大事なのだと思います。

ただし、鹿島神宮の神さまが、「わが力があれば問題ない」と言われるように、こちらには、「俺にまかせておけ」という、ひとり勝ちできるエネルギーがあるのです。だから、サッカーのような勝敗の決まる勝負ごとの祈願にぴったりです。

ただし、願いが叶うかどうかは、参拝する人の信じる力によりますので、自分で努力したうえで、「ここまでやったからには大丈夫」という心が神さまに試されるはずです。私がチャネリングで感じたことは、生半可な気持ちでいては、この強い神さまに太刀打ちできないということでした。

自分でやれることを努力したうえでしっかりとご神前に立ち、望んでいる結果が出るように祈願されるとよいでしょう。

《和歌山》

熊野三山と大斎原《おおゆのはら》

――カラスが飛ぶ、よみがえりの地

「極楽浄土」のような気持ちのいい空間

熊野三山は、古くから自然崇拝の地とされてきた場所で、平安時代の頃に、神が仏の姿になり、人々を救ったといわれる「熊野権現信仰の霊場」として、平民から貴族まで、多くの人が命がけで訪れたといわれるところです。

今では世界遺産となっている「熊野古道」では、修験者が実際通ったといわれる道を歩いて行く「熊野詣《もうで》」が、若い人たちにも人気になっています。

今回は一泊二日の弾丸ツアーで時間があまりなかったので、思い切って「現代式熊野詣」にして、レンタカーを借りて熊野三山をまわることにしました。

まずはじめに訪れたのは、**熊野速玉《はやたま》大社**でした。

「熊野三山」という名から想像して、てっきり山深いところにあるとばかり思っていましたが、実際に行ってみると、実はそうではありませんでした。

もっと平地で開けた場所に建てられ、静けさがありながらも明るい雰囲気の神社でした。

敷地に入るとすぐに「極楽浄土」という言葉が思い浮かび、優しく調和したエネルギーに、「この空間、気持ちいい〜!」と、テンションが上がりました。

境内にある「梛《なぎ》」のご神木も、素晴らしく元気で活き活きとしています。

横並びになった朱色の社も、明るく開けた雰囲気があり、とても気持ちのいい空間でした。

そして中に入ると、突然ピシッとした空気に変わり、そこに確かに神さまがいらっしゃるようでした。

あとで確認してみると、この場所は立地的には海に続く川のそばですが、おそらく、川と川に流れ込んだ海のエネルギーが入ってきているために、丁度よくバランスが取れているのでしょう。

拝殿にいたのは八咫烏《やたがらす》?

拝殿の前でチャネリングをしてみると、真っ黒いカラスが四羽か五羽あらわれました。それも悠々と大空を舞っているというビジョンです。

「日本神話にある三本足の八咫烏かな?」と思っていましたが、それかどうかはよくわかりませんでした。でも、場所が熊野という八咫烏ゆかりの場所なので、ここはカラスが眷族だったのかもしれません。

ビジョンの中では、カラスが旋回しながら空高く飛んでいたのですが、正直いうと、その姿が遠すぎて、足が三本かどうかまでは見えませんでした（笑）。

「八咫烏」を知らない人のために少し解説を入れておきたいと思います。

八咫烏とは、その名の通り、あの黒いカラスのことですが、ただのカラスではなく、足が三本あり、日本の初代天皇といわれている神武天皇が、大和国へ行く際に道案内をしてくれたといわれています。

このカラスからメッセージが入ってきたので、そのままお伝えしたいと思います。

～熊野速玉大社の神さまの言葉～

迷わなければ見つかりもしない。
まやかしがあってこそ、たどりつける。
迷う中に真実がある。われらがその魔の世界を取り仕切る。

〈言葉の意味〉

「魔」というと「悪魔」のイメージですが、魔だから不吉ということにはなりません。光が当たる場所には陰ができるように、光と闇はどちらも表裏一体で存在しているというのが、この自然界の摂理だからです。

熊野三山で出合ったカラスたちも、「俺たちがいるから、この世に光がある」という自信と誇りに満ち溢れていて、かっこいいと思える存在でした。

カラスは、熊野の山を歩く猟師を、獲物がいる場所まで導いた鳥とされています。

その鋭い眼光で、人間が見つけることのできない獲物を高いところから見つけて、猟師にその存在を知らせるのですが、

猟師がうまく仕留めれば、自分も人間がさばいた肉にありつけるから、カラスは獲物のありかを教えているのです。賢い動物ですよね。

そんな知性の高いカラスのエピソードは、「迷わなければ見つかりもしない」というメッセージの通りに、人が迷ったときこそわれらの出番、というようなメッセージを裏付けているのです。

那智の滝で心身を大浄化！

次に二社目となる**熊野那智《なち》大社**へ行きました。

この日は、周辺の他の神社もまわっていたので、熊野那智大社に着く頃にはすでに夕方となってしまいました。

神社まではくねくねとしたカーブの山道を登っていくため、車酔いしそうになってしまいました。でも、もし車がなければ、どれだけの時間がかかったことでしょう。

帆乃花「こんな場所に社殿を構えようと思うなんて、やっぱり昔の人はすごいよね」と言いながら、今の便利な時代に生まれたことに改めて感謝です。私にここを歩いて登る根性はとてもありません（笑）。

車が滝の前に着いた時には、ギリギリ神社の閉門時間が過ぎてしまっていました。

帆乃花「せっかくここまで来たんだから、遠くからご挨拶だけでもしていこう」

と、「那智の滝」の前にある別宮の飛瀧《ひろう》神社にご挨拶をして、しばらくそこで上から落ちてくる滝をぼんやりと眺めていました。

十メートル以上もある高さから、一気に水が落下しています。私たちが立っているところは滝からかなり距離がありますが、ふわ〜っと細かい滝のミストがかかって、心身まで浄化されていきました。

熊野那智大社のレポートができないことが心残りですが、この滝に出合えるだけでも価値がありますので、ぜひ訪れていただきたい神社です。

異次元にいるかのようなクリアなエネルギー

熊野では「川湯温泉」という情緒のある温泉地に宿泊しましたが、その翌日には熊野詣の最後となる、**熊野本宮大社**へ行きました。

熊野本宮は、その昔、熊野川の中州にあった大斎原《おおゆのはら》（現在は「熊野本宮大社旧社地」が正式名称）という場所に社殿があったそうですが、明治二十二年の大水害により、その社殿は流されてしまったそうです。当時は十二殿もあった社殿が現在は上四社となり、今の場所に新しい社殿が建てられています。

その境内には、上四社の社殿が横並びになっているのですが、正しい参拝順序があり、右側から二番目の本宮（第三殿）からお参りすることになっています。

そこで、本宮の前に立つと、立ってすぐに、

神さま「そなたたちはあちらの宮へ行かれよ」

というメッセージが降りてきました。

大斎原については知っていたので、「あちらとは大斎原のことだな」とすぐにわかりました。

熊野本宮大社でいただいたメッセージ通り、大斎原に足を踏み入れました。

昔、熊野本宮があったというこの大斎原は、社殿がすべて流されてしまった今では、そこに神社はなく、広々とした公園になっています。ただし、神社の名残として「日本一」の巨大な鳥居がデンと建っており、水害で流失してしまった社殿の代わりに、石造りの祠が建てられています。

みえこ「祠がそのままむき出しだから、なんだか寂しい感じもする」

確かにみえこの言う通り、もの悲しい感じがあるにはあるのですが、実際には、場のエネルギーは驚くほどクリアで細かいのです。体がふわーっと軽くなり、まるで異次元の空間にいるような感覚になって、私はしばらく動けずボーッと立っていました。

帆乃花「ここ、すごいね。ヤバイね」

みえこ「確かにものすごく気持ちいいのは、私にもわかる！」

と、普段はエネルギーがよくわからないというみえこも興奮しています。

このままずっとここにいたい気分でしたが、二泊三日の強行スケジュールの旅です。

リカ「さっ、早く。チャネリングして次に行かないと」

と、しっかり者のリカが旅のスケジュールを取り仕切ってくれます。

私は泣く泣く祠の前で手を合わせると、ここでもカラスがブワーッと空を飛んでいるイメージが見えました。またまたカラスが登場するとは思ってもみませんでした。

～大斎原の神さまの言葉～

これから大嵐がやって来る。その時われらは飛び立つ。

その訪れは人間にはわかるまい。

われらが去ったあとは平穏無事。平静が保たれる。


〈言葉の意味〉

このメッセージも、またカラスから受け取っています。これから来る大嵐というのはなんのことか、正直なところ私にもよくわかりません。経済、政治的な混乱のことか、もしくは自然災害のことでしょうか。

いずれにせよ、このメッセージは私たちを不安に陥れるために放たれたものではありません。今あることに感謝し、日々悔いなく生きるように、ということだと思います。

そして、「人間にはわかるまい」という言葉通り、動物のほうが私たち人間よりも本能的に危機の察知能力が高いのはあきらかです。ということは、カラスが一斉に飛ぶというような、「なんらかのサインを見逃すな」という意味かもしれませんよね。

このメッセージを受け取ったおかげで、平穏無事ということがいかにありがたいか、改めて感じましたが、自然に対して人間は謙虚になり、生かされている命を大切に一生懸命生きることしかないと思っています。

《奈良》

玉置《たまき》神社
——生きていることが感謝になる

涙の神代杉《じんだいすぎ》

奈良県にある玉置神社は、熊野三山の奥院ともいわれている神社で、熊野と同じく、修験道の行場として知られています。

その本殿は玉置山の九合目にあるため、そこまで徒歩で参拝するとしたら、アップダウンが大きく険しい山道を必死で登っていかなくてはなりません。ですが、私たちはやはり今回も現代の恩恵を受けて（笑）、レンタカーを借りて行きました。

車を降りて、山道を入っていくとすぐ、

リカ「うわーっ」

先頭にいたリカが突然叫び声を上げました。

リカ「蛇！　蛇がこの前を横切った！」

と、私たちのほうへ一目散に逃げてきました。

帆乃花「大丈夫だよ。きっと蛇も私たちを歓迎してくれてるんだよ。よく来たねって」

と言いましたが、正直なところ本当かどうかは知りません（笑）。

神社までの道は太陽の光が入りにくいほど背の高い木に囲まれていて、素晴らしい森林浴のスポットとなっていたのでした。

そして神社の手前のところで、ひときわ大きなご神木があらわれました。樹齢三千年の「神代杉《じんだいすぎ》」は本当に大きな杉の木です。私はそのご神木を見た瞬間、あまりの神々しさに感動で言葉になりませんでした。ただ茫然と立ち尽くして、高く太くそびえ立つ神代杉をずっと見上げていました。

みえこ「なんてすごい木なんだろうね」

本当にこれほどの杉に出合ったのは、これまでの人生ではじめてです。

自然と両手が合わさり、涙がじわーっと出てきました。私がご神木の前から動けないでいると、

みえこ「帆乃花ちゃん、泣いてる？」

と聞かれて、はっとわれに返りました。どうやらふたりを長く待たせていたようです。

玉置神社の本殿は少し階段を上ったところにありました。
その社殿のところに、神社のご祭神の名前がずらりと書かれていました。ここに五柱の神さまがいらっしゃるそうですが、その中でもトップに書かれていたのが、**クニトコタチノミコト**という、はじめて名前を聞く神さまでした。

帆乃花「クニトコタチノミコトっていう神さま、わかる?」

リカ「うーん、待って。わかった! 〝日本神話の根源神〟って書いてあるよ」

山奥でもつながるスマホの力に感謝です(笑)。

みえこ「そうそう! 神話でもいちばんはじめに出てくる神さまだよね」

帆乃花「そっか、根源となる神さまなんだ」

神代杉を見た時になんとなく感じてはいましたが、「根源」という言葉を聞いて、頭の中にあった予感が確信に変わりました。

実は、チャネリングでは神さまのスケールが大きいほど、神さまからの言葉が入りにくくなり、意味がわかりにくくなるのですが、神さまによっては、「われ、ある」みたいな、超シンプルなひと言になってしまうこともよくあるのです。今回、そのケースになるであろうという予感が薄々していたのでした。

チャネリングについて少し補足の説明をしておきますと、ここまで読んできたみなさんはすでにお気付きであろうと思いますが、神さまは人間みたいにベラベラとは話しません。

神さまの声（もしくは周波数）は、もちろん人間のそれとは違いますが、あまりに人間のいる次元とは違うので、情報の入り方は一瞬で、私も時間と空間がないようなところで情報を受け取ることになります。なので、まず映像のほうが先に来て、言葉が来る頃には、人間界の次元に周波数を合わせなければならないような感覚でチャネリングをしています。

おそらく、本質に近づけば近づくほど言葉にならないのだろうとは思うのですが、その言葉にするための作業が、格式の高い神さまだと大変です。

そんなわけで、この玉置神社の神さまの言葉は入らないという予感がしていたのです。

そして予感通り、ここでチャネリングした言葉は降りてこず、ビジョンでしか入ってきませんでした。でも、そのビジョンがそれはそれは素晴らしいものでした。

まるで宇宙にいるような、丸く大きな光を放っている空間が広がっているビジョンが見えてきたのです。

とても美しい光です。太陽の強い光ではなく、仄かで優しく温かな光が、宇宙の中心でぐるぐると渦を描いています。その渦の中心から、人も神さまも一緒に、生きとし生けるものが次々と生まれてくるのがわかりました。

生命誕生の瞬間であろう、とても美しいビジョンです。

願い事がなんでも叶う玉石社

素晴らしいビジョンを見終えて、古い歴史を感じさせる造りの社務所でお守りを見ていると、奥のほうから宮司さんが出てきてくれました。
この宮司さんは明るくユニークな方で、私たちが質問する前に、「この神社はね」と説明を始め、神社の成り立ちを詳しく教えてくれました。そして、
宮司さん「ここと同じ神さまがいらっしゃるのは、日本であと一社だけなんだよ。名前は秘密だから言えないけどね」
と、少し小声でおっしゃいました。瞬間的にその神社がどこかわかったので、思わず、
帆乃花「〇〇神社ですね？」

と言ってしまいました。その答えに、宮司さんは一瞬言葉に詰まったような表情をされましたが、そのあと私に向かってニヤリと笑い、何も言いませんでした。

帆乃花「この宮司さんは間違いなくチャネってるよね」

と、勝手に親近感が湧いてしまいました（笑）。

そして、宮司さん曰く、個数を間違えて発注したのに即完売したという「幸運鈴」を、私たちはお土産用にしっかりと購入しました。

みえこ「商売上手ですね〜！」

宮司さん「そういうことも大事だよ」

ここの宮司さんは、とても気さくな宮司さんです。そして最後に、

宮司さん「お願い事が叶うから、ぜひ行ってみてごらん」

と、とっておきの場所を教えてくれました。

宮司さんが「お願い事が叶う」というのは、玉置山の社殿からさらに山を登ったところにある「玉石社《たまいしのもり》」という場所です。

ここへの行き道は登りやすいように階段状にはなっているのですが、何しろ急な傾斜で、息がゼイゼイと切れてきました。

みえこ「あとで行くから先に行ってて〜」

リカ「山の下から歩いて登ってきたら死ぬね（笑）」

普段運動不足の私たちには、かなりの山道なのです。

玉石社は、地面に敷き詰めてある「白の玉石」に礼拝するという珍しい様式でした。

ですが、やはりここでもご神木のほうから、ひときわ強いエネルギーが出ているのがわかりました。

リカ「宮司さんの言う通り、本当にお願い事は叶うかな？」

といった時、鳥居の白い御幣《ごへい》が、風に揺られてカサカサと音を立てました。

帆乃花「シッ。今、こちらに神さまがいらっしゃるから、お願い事をお伝えするといいよ」

リカ「えっ。本当に？」

彼女はすぐに両手を合わせていました。何やら呟いている隣で、私も手を合わせてご挨拶しました。

その時、

神さま「ここへ来たということが、この場に見合う心根を持っているということ。さすれば願いを叶える」

というメッセージが降りてきたのでした。

ここに参拝できたのであれば、願い事の内容が何であれ、神さまはジャッジしないということなのでしょう。

みえこ「着いたー！」
下からみえこがようやく登ってきました。

参拝できる喜び

玉置神社は、生きていることへの感謝の気持ちを思い出させてくれる場所です。

ここは命の根源に触れることができる、日本でも数少ない貴重な神社だといえます。さらに言えば、何千年という時を越えて、人間の寿命をはるかに超えた生命力と智恵が溢れている聖地でもあります。

ここに来ると、古来から自然信仰をしてきた日本人の魂や感性を取り戻すことができます。パワーやご利益という言葉がしっくりこないということも、この場所に来れば、みなさん自身が体で感じられるはずです。

観光のついでにというより、参拝だけを目的にゆっくり訪れるとよいでしょう。

場所が場所なので、そうでなければ参拝できないかもしれません。自然の中に足を踏み入れる畏敬の念をもって参拝してほしいと願います。また、そのような人たちによって、今後もずっと守られるべき神社だと思います。

《三重》

伊勢神宮（外宮）

――人間と自然と神さまの調和

豊かさが集まっている場所

ここからは全国的に有名な伊勢神宮についてお伝えしていきます。

私は生まれは東京都ですが、二歳の時から三重県で育っているので、伊勢神宮には何度も訪れていました。ですから、ここは「日本一の神社」というより「慣れ親しんだ神社」という感じなので、こうして改めて大人になって来てみると、「ここに何度も参拝できていたなんて、恵まれていたな」と感じます。

せっかく伊勢まで来たので、正式参拝の御《み》垣内《かきうち》参拝を受けようという話になりました。

この場所での正式参拝もはじめての体験です。

服装にも気合いを入れて、いつも通りの普段着ではなく、黒のフォーマルウェアという正装を着ましたが、やっぱり服装を正すと気持ちが引き締まります。

正式参拝までに少し時間があったので、まず正宮へ行ってご挨拶をすると、紫色の光がパァーッと後光のようにさして見えました。その色の感覚から、一般的な神社とは違う格式の高さがうかがえます。

ということは？　もしかして、また例のパターンです。

神さま「来るがいい」

帆乃花「やっぱり、そうだよね（笑）」

予想通り、入ってきたのは、このひと言だけでした。

でも、たったひと言でも、その音や雰囲気から、外宮の神さまの深い懐が感じられてジーンときました。

正式参拝でのチャネリングは控えさせていただきましたが、今回は個人的に神さまへの感謝を、より神さまに近い場所で述べさせていただく貴重な機会となりました。

～伊勢神宮(外宮)の神さまの言葉～

来るがいい

〈言葉の意味〉

この「来るがいい」という言葉は、「ここにどうぞお参りに来て」という気さくな感じではありません。むしろ、「ついにここへ来た者なら受け入れる」という少し厳粛なムードで、外宮に参拝する者を神さまは選ばず受け入れるという、懐の深さのあらわれでもあるのでしょう。

日本のトップの神社として、あくまで威厳に満ちていて、ちょっぴり威圧感のある「来るがいい」です。やはりこの場所には、日本人として神さまへの礼節をもって参拝すべきだと感じたのです。

天まで届く米俵《こめだわら》

次は別宮の**多賀宮**《たかのみや》へのお参りです。多賀宮

は神社縁起によれば、**トヨウケオオミカミ**という神さまが祀られているということです。

さすが、人気観光地の伊勢神宮は、別宮でさえも人の列が途絶えることはありません。後ろに長い行列ができていたので、ご挨拶を終えるとすぐ脇によけてチャネリングを試してみました。すると、ビジョンで何か高くそびえ立つものが見えてきました。

帆乃花「うわ、高い！　これ、なんだろう？」

ビジョンには、頂上が雲の中にかすむくらい高い塔のようなものが見えました。

帆乃花「塔？　でも塔じゃないかも」

よくわからなかったので、カメラのピントを合わせるようにして、意識を塔のようなものにギリギリまで集中させてみました。

すると、塔だと思った建物は、どうやら建物ではなく、三角に高く積み上げられた「米俵」のようです。

帆乃花「塔じゃなくて米俵だ！　でも、どういうことなんだろう？」

そこで、再び目を閉じて感じてみると、なぜ米俵なのかがわかりました。

帆乃花「トヨウケオオミカミさまの〝豊受〟ってそういうことだったのか」

と、ビジョンの意味がわかって、ひとりで興奮してしまいました。

トヨウケオオミカミという神さまは、内宮にいるアマテラスさまのお食事を司っている神さま、という縁起をどこかで読んだことを思い出したのです。

別宮で大発見！

多賀宮の次は**風宮**《かぜのみや》にご挨拶に行きました。ここでも多賀宮と同じく言葉は入らず、かといってなんのビジョンも見えずにいました。

帆乃花「もしかすると、それぞれの別宮に神さまがいらっしゃるわけではないのかもしれないな」

と、私は次第に思い始めました。

次に土宮《つちのみや》といわれる別宮にも行きましたが、ここでチャネリングをしても、やはり何も言葉が入ってきません。やっぱりそうかと諦めかけていましたが、最後にもう一度、風宮の前で手を合わせてみようと思いました。すると一言だけ、**「祓い」**という文字がビジョンで入ってきました。

帆乃花「祓い」

と口に出して、友人に、

帆乃花「ここでチャネリングは無理かもしれない。かろうじて〝祓い〟っていう文字だけは入ってきたけど」

と、言い終わるか終わらないかのタイミングで、突然あることがパッとひらめきました。

帆乃花「あっ！　たぶん今、けっこうすごいことがひらめいた」
みえこ「えっ？　なになに？」
忘れてしまうといけないので、みんなに早口で説明しました。
帆乃花「祝詞っていうのかな、ご神前であげるいちばん短い……」
みえこ「ああ、〝祓え給い、清め給え〟っていうの？」
帆乃花「そうそう！　あの祝詞の言葉は、別宮と重なっているみたい。祓いは風宮だから」
みなさんにもわかりやすいように書いて説明してみますね。
この「祓え給い、清め給え……」という祝詞は、正式には「略拝詞《りゃくはいし》」というそうですが、
「祓え給い、清め給え、神《かむ》ながら守り給い、幸《さきわ》え給え」という言葉を唱えます。その言葉のそれぞれが、

- **祓え給い……風（風宮）**
- **清め給え……水（水宮）**
- **守り給い……土（土宮）**
- **幸え給え……豊穣（多賀宮）**

というように、別宮のエネルギーと一致しているのです。

風、水、土というのは、豊穣のために必要な自然の摂理です。

多賀宮の米俵は、日本で穀物が豊かに実ったという象徴でしたが、そのために風、土、水という自然界の要素が必要だということではないでしょうか。

古来日本の人々は、自然が持つ力の中に神さまの存在を感じていたからこそ、自然を神として、そこに神社が形成されていったと思うのです。

そのことを説明すると、
みえこ「なるほど！　ほんとに当てはまるよね。それ世紀の大発見だよ！」

と、お墨付きをもらえました。そして、
リカ「じゃあ、お清めも大切だから、水宮もお参りしなくちゃね」

と、最後に水宮にあたる**下御井神社**《しものみいのじんじゃ》を参拝し、伊勢神宮外宮のお参りを無事に終えました。

《三重》

伊勢神宮（内宮）

——光がまぶしくて見えないビジョン

参拝者が激増！

外宮から内宮までは車で十五分ほどで到着します。この日、内宮の駐車場はとても混んでいたのですが、三十分ほど待ってようやく停めることができました。本当に近ごろ伊勢神宮は混んでいるのです。

敷地内に入ると、五十鈴川にかかった美しい宇治橋を渡っていきます。ここに来るといつも感じることですが、この橋を渡ったあたりから、空気がガラリと変わります。

そして、砂利が敷き詰められた広い参道を歩いていくと、自然と背筋が伸びます。

手水舎のところを過ぎて、少し歩くと、先ほど渡った五十鈴川がもう一度見えてきました。

この五十鈴川は、私が子どもの頃から大好きな場所のひとつです。

五十鈴川を流れる水はとても清らかなので、この場所で心身をしっかりお清めしてから参拝するようにしています。

この日は暑かったので、川の水量がいつもよりかなり減っていました。ほんの少しですが、色も濁っているようで気になりました。

帆乃花「この川は、ずっときれいであってほしいね」

そんな話をしながら、石段の下にたどり着きました。

子どもの頃から何度も参拝している場所ですが、ここ最近は神社仏閣がブームだからか、平日にも参拝者の数が多いのにはびっくりしてしまいます。

みえこ「平日なのに、こんなに並んでいるの？」

石段の下にも人がずらりと並んで、参拝の順番が来るのを待っているのです。

リカ「私、お正月に毎年来るんだけど、これどころじゃないよ」

みえこ「そうだよね。今日でよかったね」

私たちはここからは口を閉じて、一歩一歩ゆっくり石段を上がりました。そして横に並んで、しっかりとご挨拶をしました。

内宮でも正式参拝を申し込んでいたので、それまでにチャネリングをしようと、人の少ないところで手を合わせました。

外宮で見えた紫色の光とは違って、こちらは黄金の光が一面に広がっているビジョンが見えました。まぶしくて目をつぶりそうになるくらいです。

帆乃花「これがアマテラスさまの光なのかな」

そう思いながら、あまりの光の量に感動しました。

さらにビジョンをもう少し見てみますと、アマテラスと思しき大きな光の玉が中央にあって、その周りを巫女さんが取り囲むようにしています。

それは中央の光の玉が囲まれて、どこか別の場所へと移動していくというビジョンでした。その向こうには海の風景が見えました。

帆乃花「海に近い場所にアマテラスさまが移動していくのかな？」

と思っていると、

神さま「その時はやって来る」

と、ひと言だけが降りてきました。

もうこれ以上は言葉が入ってこないようなので、私はその輝くビジョンを静かに閉じました。

神の世も人の世も変化する

伊勢参りの最後に**荒祭宮**《あらまつりのみや》へ向かいました。

こちらは、先ほど正宮で見たアマテラスさまの「荒御魂《あらみたま》」と呼ばれるものが祀られているとされるところです。

荒御魂というのは、魂の荒々しい素の部分を指しているそうですが、私が感じたエネルギーは荒々しいというよりも、神妙といえるものでした。

でも、そこには「深淵《しんえん》」という雰囲気さえもあり、単に荒々しいばかりではなく、深い海の底のような静けさと、安心感のある穏やかさがあるのを感じました。きっとこちらに参拝すると、自分の心の深い部分である魂に、無意識にでも触れることができるでしょう。

ここでは、

神さま「時が来ればわかる」

という言葉がひと言だけ入ってきました。おそらく先ほど、「時がやって来る」という言葉に、私が「？　？　？」となっていたので、その続きともいえるメッセージをくれたのでしょう。

私が思うに、この「時が来ればわかる」というのは、これから世の中が大きく変動することを示唆しているのです。ビジョンでは漠然とですが、これまで三角形だったものが円になる、というような、社会の変革ともいえることが、私たちの世界と神さまの世界でも起こってくるようです。

かつて表だったものが裏となり、裏だったものが表となるような、そんな変化が起きるのではないでしょうか。そして、唯一だったものが同列（みんな一緒）になる、という感じです。

みえこ「具体的にはどんなことが起こると思う？」

みんなで「おかげ横丁」のかき氷を食べながら、ああでもない、こうでもないと話し合っていましたが、先のことは決まっていませんし、あくまで推測の域を出ないので、ここでは省略しておくことにします。

ですが、神さまは人を怖がらせたり、不安にさせたりするようなことは絶対に言いません。考えさせられることはあっても、生きる上でプラスになるメッセージしかありません。

改めて神の大きさを感じた伊勢の旅は、このへんで締めくくりたいと思います。

《島根》

出雲大社
——八百万の神が集まる神在祭

はじめてのチャネリング

出雲の話をする前に、私が五年前にはじめて出雲大社を訪れた時のことをお話ししておきましょう。

当時、仲のよかった友人たちと出雲大社へ旅行に行きました。

この本の冒頭でも少し触れましたが、参道を歩いている時に、私はなぜだか無性に懐かしい気持ちになり、普段はそんなことはないのに涙まで出そうになりました。

「なぜだろう?」と頭では思っているのですが、私はなぜか続けて、

帆乃花「ただいま、ようやく帰って来ました」

と、誰かに向かって語りかけていました。自分で自分に驚いて、

帆乃花「いったいなんだろう、これは」

と、思わず参道の真ん中で立ち止まってしまいました。

すると、その時、こんな声がどこからか聞こえてきました。

神さま「待っていた」

それから、体がじわーっと温まってくるような、そんな感覚がしました。

帆乃花「やっぱり気のせいじゃないんだ。何かある」

と思い、こうなったらそれがなんでも受け入れようと思いました。すると、その心を読まれているかのように、
神さま「そなたならわかるはず」

と声が降りてきたのです。それは明らかに男性の声でしたが、そのあとすぐ、その人が何を伝えようとしたのか、その言葉の意味がわかったような気がしました。

と同時に、ものすごく悲しい、切ない気持ちになり、
帆乃花「わかります。あなたのことは私にはわかります。私がそれを引き受けるので安心してください」

私は、自分で言った言葉を理解する前に、そう言っていたのです。

その時の自分の感覚は今でも忘れていませんが、読者のみなさんには意味がよくわからないと思うので、ここで少し解説を入れさせていただきますね。

私は昔から神社は好きでしたが、神さまという存在については考えたことがありませんでした。ただ、なんとなくいらっしゃるんだろうな、という程度の考えはあったと思います。

それが、その男性の声を聞いた瞬間、**「スサノオノミコトだ！」**と、理由もなく確信したのです。

日本神話でアマテラスの弟のスサノオは、乱暴狼藉を働き、アマテラスを怒らせてしまいます。そして、アマテラスが岩戸の中に閉じこもるというのが「天岩戸伝説」ですが、このあと乱暴者のスサノオは、神さまたちの住む場所を追い出されてしまいます。

この神話はぼんやりと知ってはいたものの、その時はまったく頭になかったので、「そなたならわかるはず」と言われた瞬間に、まずスサノオの悲しみの感情が入ってきました。そのあとに「誤解」という言葉が浮かんではじめて、この神話のことだと思ったのです。

さらに、スサノオが悪者にされている誤解を解き、アマテラスと仲直りする時がやってきたという感覚を受け取りました。そして、「その仲直りの仲介を私が引き受けます」と、そんなことできるわけがないのに思わず口走っていたのです。

そしてなんと、私は現実に、出雲から帰った翌日、別の友人とアマテラスがいる伊勢神宮へ行く予定になっていたのでした。

嘘のような本当の話ですが、このタイミングは偶然ではないと感じました。

なぜなら、普段の私だったら、そんな強行スケジュールを組むはずがなく、どちらかをキャンセルしていたからです。それがなぜか、どうしてもその日しか予定が組めなくなったものの、どちらもやめようと思わずに強行したのですが、それは珍しいことでした。

この偶然に私はまたもや驚きましたが、それにしても「いったいなぜ、私なんだろう？」という気持ちと、「とはいっても、何ができるんだろう？」という疑問でいっぱいでした。

私はそのまま心の中で尋ねました。

帆乃花「あなたは誰ですか？　いったい全体これはなんなのでしょうか。私は誰ですか？」

この問いは今思うと、かなり切羽詰まっていますが、優しい声が答えてくれました。

神さま「そなたは私であり、私はそなたである」

私は言葉ではない部分で、何かがわかった気がしました。

なんとなくボーッとしながら出雲から帰り、次の日の朝に伊勢神宮へ向かいました。その時に行ったのは内宮だけでした。

そこで、またしても驚く出来事がありました。

その日も、いつも通り神社は混んでいて、石の階段には参拝者がずらっと長蛇の列をなしていて、少しずつ前に進んでは、また待つというような状況が続いていました。

私はその間中、「何を伝えたらいいだろう」と、ずっと考えてドキドキしていました。

階段の上まで来ると、サッとその場の空気が変わり、神さまが私を受け入れてくれているのがわかりました。私はまた泣きそうになりましたが、とにかく手を合わせて、神さまの前でこう言いました。

帆乃花「私は齊藤帆乃花と申します。出雲大社でスサノオさまの思いを受けて、あなたさまに会いにまいりました。どうかふたりがまたひとつになりますように。どうぞ仲直りをしてください」

そう言って目を開けた瞬間、ブワーッとものすごい風が吹き荒れました。あまりの突風にびっくりしてしまったほどです。

すると、正殿が見えないように隠している御帳《みとばり》という白い布が舞い上がり、神さまの場所が丸見えになったのです。そして、その御幌はお参りの一礼が終わるまで、まるでそれを待っているかのように、ずっと上がったままだったのでした。

今までその布が上がることは何度かあっても、あれほど真上に長時間上がり続けているのはめずらしいことでした。

驚いたのも束の間、一礼をし終えたと同時に、今度はなんと拝殿の厚い木の扉がギギギーッと音を立てて動いたのです。扉は風で勝手に動くようなものではありません。大人（しかも男性）が力を入れてやっと動くというところでしょう。

あまりにびっくりして「あれ、見て！」と友人の腕をひっぱりましたが、「戸がどうしたの?」と、事の重大さをわかってくれませんでした。私はそれがアマテラスの答えだと思ったのです。まさに神業と呼べる裏ワザを使って、「わかった」という返事をくれたのです。

私はその後、が、またまた不思議なご縁で、そそれから五年後に、別の友人とチャネリングをする旅がはじまった人生はつくづく偶然の連続だと思いますが、それでもこの時の出来事がなければ、今こうして神さまのことを本にすることもなかったのだと思います。

それではここからは、後に出雲大社で体験した、新たな旅のストーリーをお楽しみください。

神さまたちが降りる、感動の稲佐の浜

旧暦の十月は「**神無月**《かんなづき》」と呼ばれていますが、その月に、全国八百万の神が出雲の地に集結するので、出雲では逆にこの月を「**神在月**《かみありづき》」と呼ぶそうです。

そして、この時に神々が集まる場所とされるのが、出雲大社で行われる、旧暦十月の「神在祭《かみありさい》」という神事です。神さまのことが大好きな私たちは、「何があってもぜったい行こうね」と、前のめりで出かけました。

そしてお祭りが行われる前日に出雲入りすると、神社の近くの「稲佐の浜」で、この日全

国からやって来る神さまをお迎えするための**「神迎神事《かみむかえ》」**を見ていました。

開始時間の夜七時ギリギリに着くと、稲佐の浜はすでに見物客でごった返していました。

そこで行列の後ろのほうから背伸びをしたり、隙間からのぞいたりしていました。

浜の中央では、ゴウゴウと燃え盛るご神火が焚かれていて、その後ろには注連縄《しめなわ》を張り巡らせた斎場が見えました。そこで神職の方々が、海に向かって祝詞を読み上げていました。

月が雲で見え隠れしていて、暗闇の中に炎がゆらめき、とても幻想的な光景です。

みえこ「もう神さまは浜辺に来ているのかな？」

帆乃花「ううん、まだ来てないみたい」

リカ「いつどうやって来るのか、しっかり見ておいてね！」

帆乃花「うん、わかった！」

そんなことをヒソヒソと話しながら、「神事を見ながら、目をつぶらずにチャネらないといけないから、これは大変だ」と、内心ドキドキしていました。そして、「神さまたちは、いつ、どこからいらっしゃるんだろう」と、ソワソワしながら意識を集中しはじめた、その時です。

祝詞が途切れて、神職の方々が海の方向に一礼した時でした。

スーッと月が雲からあらわれて、上空に神さまが整然と並んでいるのが見えたのです。

「海からじゃなくて空から来たんだ！」と、とても意外に思いました。

それから空に整然と並んだまま、またスーッとご神火めがけて降りてきました。それはたとえるなら、飛行機の着陸のように、斜めにきれいに降りてくるのです。

神さまの数はものすごく多くて、海岸のあたり一帯を埋め尽くすほどでした。ビジョンの中では時間や空間の感覚などはありませんから、それだけたくさんの人数でも、浜辺がごったがえしてしまうなんていうことはありません（笑）。

そして、全員が浜に降り終わると、それに合わせて神職の方々がさっと頭を上げられました。すべてのタイミングがピタリと合っています。

帆乃花「そうか。儀式が合っているんじゃなくて、神さまのほうが人間の儀式

に合わせてくださっているんだ」

とわかり、あらためて神さまの素晴らしさに感動しました。

神さまからの祝福のメッセージ

そして、これも遠くて聞こえませんでしたが、神職の方が何かのご挨拶をしている間に、またもや一瞬で、神さまがパッと浜いっぱいに広がり、浜辺にいる私たち参加者に対して、

神さま「よくぞ来られた」

と、おっしゃっていました。

神さまは私たち人間が自分たちのために集まっていることを、ちゃんとわかって声をかけてくれているのです。「神さまも挨拶してくれるんだ」と感動しながら、とっさに、

帆乃花「私は齋藤帆乃花と申します……」

と、ご挨拶しようとすると、

神さま「名乗らなくてよろしい。ここには名を拾う神もいる」

と瞬時に教えてくれました。さらに、

神さま「ここにいるわれわれすべてで、ここにいる人々のことはすべてわかっている。ひとりひとり祝福いたす」

という、思いがけない温かいメッセージをいただいたのです。
浜辺での儀式を終えたあと、その儀式を執り行っていた神職の方が、神籬《ひもろぎ》という、榊の木の周りに白い布を付けたもので、神さまたちを神社にご案内していく段取りに入られました。
その様子を見ていると、なんと神さまたちが本当にその布の中に入り、ゆっくりゆっくりと、人の歩調に合わせて、人間のように歩いて行かれたのでした。
帆乃花「……」
びっくりして何も言葉が出ません。多くの人が浜辺を立ち去る中、しばらくボーッとしていました。ようやく落ち着いた頃、ふたりがたまりかねて、
みえこ「どうだった？　何が見えたの？」
リカ「ねえねえ、もったいぶらずに早く教えて～っ！」
と、興味津々に聞いてきます。そこで、
帆乃花「ちょっと待ってね。感動して泣いちゃった」
と、顔の涙を拭いながら、
帆乃花「ものすごくきれいな光景だったんだよ。本当に神さまが全国から集まって来られているし、私たちが神さまのために集まっていることもわかってくれているよ。ここに来たみんなを祝福してくださるんだって」
みえこ「それじゃあ、私たちも祝福してもらえてたんだ」

リカ「私たちの名前も拾ってくれたってことだよね！」
と、神さまのことが大好きなふたりも嬉しそうです。
みえこ「うわー、もうみんな行っちゃったよ」
気付けばもう浜辺はガランとしています。私たちは走って神事が行われる神楽殿に向かいました。

神さまの夜通しの宴会

次の神楽殿では、浜辺で迎え入れた神々をお招きして、「神迎祭」という名の儀式が行われています。

稲佐の浜から移動してきた人と、新たな参拝客で周りはごった返していました。神楽殿には近付けず、建物の中で何が行われているのかは見えませんでしたが、中から太鼓や笛の音が聞こえてきます。

帰ってから調べたところ、こちらで千家宮司の祝詞が奏上され、巫女舞が奉納されて、関係者に向けて玉串拝礼が行われた、ということです。

それを間近で見られないのは残念でしたが、その場の空気感だけでも味わえてよかったです。

私たちはたくさんの参拝者に囲まれたままでしたので、チャネリングは少し難しかったのですが、それでも意識を神楽殿のほうへ集中させました。

まず、いつものように名前を名乗ろうとすると、

神さま「名乗らなくてよろしい」

と、またすぐどなたかにツッコまれてしまいました。さっき教えてくれた神さまではなさそうですが、ニュアンス的にはこんな感じです。

「もういいってば。名乗らなくてもいいって、さっき言われてたじゃーん」

そんな軽いノリのメッセージに、「神さま、ウケる！」と、思わず笑ってしまいました。

神楽殿の巫女舞が無事に終わったらしく、楽器の音が聞こえなくなると、また次の言葉が入ってきました。

神さま「私たちの宴はこれから朝まで続くから、もう帰ってよろしい」

この言葉も同じように、

「寒いから、もう帰ったほうがいいよ～」

という軽いニュアンスでしたから、明らかに私たちを気遣って神さまがかけてくれた言葉でした。それを聞いた私は、

帆乃花「ねえねえ、聞いてー」

と、興奮してそのことを伝えると、

みえこ「神さま、めっちゃ優しい」
リカ「ご親切にありがとうございます。では、帰らせていただきます！（笑）」
と、みんなで一礼して引き上げました。
なんとも間がいいというか、親近感が湧くというか、今までお会いしたことのないタイプ（？）の神さまたちに、
帆乃花「神さまにも個性やキャラクターがあるんだ」
と、なんだかほっこりしました。

神さまたちも縁むすび

神迎神事から一夜明けると、いよいよ出雲大社でお祭りのメインの出し物となる「神在祭」が始まります。ここから一週間、出雲大社に集合している神さまによる、「神議《かみはかり》」という大会議が行われるとされているのです。

この祭事は、神社関係者だけによるものですから、その方々が中に入ると、本殿の扉はぴたりと閉じられてしまいます。

三人「よく見えないね」

と、中に入れない私たちは外からのぞきこんでいました。

みえこ「こっちのほうがよく見えるよ」

みえこが少し離れたいい場所をゲットしてくれたのですが、私は人ごみでその場から動けません。

また意識を建物の中に集中させて、チャネリングを試みてみました。

そこで見えてきたのは、建物の中にいる神さまたちが会議をしているかのように整然と向き合って正座し、心なしか神妙な面持ちで、宮司さんがあげる祝詞を粛々と聞いているという光景です。

神さまたちは、やはりここでも人間側の儀式を重んじてくれているらしく、作法にのっとって静粛にしていました。

ビジョンではそのあと神さまの前に、食べ物やお酒らしきもの（近くで見たわけではありませんのではっきりとはわかりません）が運ばれてきました。

帆乃花「なるほど～、神在祭ってこんな感じなんだ」

と思っていると、現実のほうの世界では、儀式の締めくくりの挨拶が聞こえてきました。

来賓の方々が次々と席から立ち始めている頃、まだビジョンで神さまたちの様子を見ていると、だらんと足をのばしたり、あぐらをかいたりして、リラックスし始めたのです。

なんと、さっきまできちんとしていたはずの神さまたちが、「疲れたー！」みたいな感じなのです。

「えっ、ホントに？（笑）」と思いましたが、逆にいえば、先ほどまではこちらの儀式に合わせてきちんとしてくれていたのでしょう。

そのプライベート感が満載の様子を見て、何か見てはいけないものを見たという気もしましたが、神さまたちはそれほど気にしていないようで、足をのばして笑いながら、

神さま「さあ、これからみんなで楽しもう」

と言って、飲めや歌えやの大宴会が始まったのです。

帆乃花「出雲大社に集まることは、神さまにとって一年に一度の無礼講なんだ！」

と、このお祭りの意味がようやくわかりました。神在祭とは、普段それぞれの神社でお役目を果たしている神さまたちを集めて、ねぎらうためのものでもあるのです。

帆乃花「どうぞ心ゆくまでお楽しみください。私たちも神さまと一緒にお祭りを楽しませていただきますので」

と、私はお伝えして、そのビジョンを閉じました。

これは私の推測にすぎませんが、神さまにもそれぞれお役目があり、それぞれの神社で役目を果たしていますが、ここ出雲の地で一年に一回だけ、人からのもてなしを受けて、神さま同士がねぎらい合う。そしてまたお祭りが終わると、元の持ち場に戻って一生懸命お役目に励む。

神さまにとって、神在祭とはそういうものかもしれません。

まさに神さま同志が交流する場であり、ご縁をむすぶのがここ出雲、ということなのでしょう。

神さまが名乗った！

ところで、五年前に会話したスサノオはどうなったでしょうか？

今回、実は神在祭が始まる前に、出雲大社から少し離れたところにある**熊野大社**に参拝しました。

境内には私たちの他に誰もおらず、まるで時間が止まったような静寂な雰囲気でした。完全に人払いされているのを友人もさすがに感じたようで、「帆乃花ちゃん、待ってくれてるよ」と、目で合図してくれたので、私はひとりでご神前に立ちました。

目をつぶると、すぐにビジョンがあらわれました。

神さま「わが名はスサノオ。わが名を名乗る時が来た」

そう言って、私に向かって腕を広げてくれました。

私はその腕の中に入り、泣きそうになりました。

この世では一瞬のことでしたが、私にはとても長い時間に感じました。

このチャネリングの旅で、神さまが自ら名乗ったのは、あとにも先にもこの時だけでした。神さまの名前は私たち人間があとから付けたものなのに、わざわざ名を告げてくれたのです。

五年前、「あなたは誰か?」という私の問いに、「そなたは私であり、私はそなたである」と言われた時から、何かが変わったということでしょう。このメッセージの意味は、みなさんがそれぞれの胸の内でご想像されてください。

このような感動の再会を果たし、私たちは出雲をあとにしました。

旅の終わりに――天河神社、再び

神さまとの縁むすびの旅も、これでいよいよ終わりです。この二年間でできる限り全国の神社をまわっていたので、これで終わりと思うと少し名残惜しくもあります。

この旅の締めくくりに、今回本を世に出してくださった出版社の社長さんと、本を書いてくれたライターさんと一緒に、旅の最初に訪れた天河神社に参拝することになりました。

帆乃花「やっぱり最後はここへ来ることになった」

と、感慨深い気持ちになりました。

神社に到着すると、こちらを見て「あーっ！」と、驚いている人たちがいます。その人たちは、なんと同行のふたりがよく知っているという出版関係の人たちでした。

奈良の山奥でバッタリ出会うなんて、「本当にこんな偶然ってあるんだね」と、全員で驚きましたが、さらに驚きなのは、その人たちが天河神社の宮司さんにインタビューするためにここを訪れていたということです。

実は、私がチャネリングの旅をはじめたばかりの頃に訪れた天河神社で、声をかけてくださったのがこちらの宮司さんなのです。これは不思議なご縁だなあと、しみじみ思いました。

当時、友人たちとおみくじを引いて、みんながまさかの「凶」を引きました。凶ばかりのおみくじではないそうなので、これは珍しいことのようです。

境内で騒いでいると、そこにたまたま宮司さんがあらわれて、私たちに、「どこからいらしたの？」と声をかけてくださいました。そして、「それははるばる東京から」と言って、見ず知らずの私たちを応接室のようなところに招き入れてくださり、いろいろな話を聞かせてくださったのです。その時、なぜこちらに参拝に来たのかと理由を尋ねられて、

帆乃花「本を出したいと思っているんです。出版が実現するように神さまにお願いに来ました」

とお答えすると、

宮司さん「本か、それはいいね！」

と、応援してくださった宮司さんとの不思議なご縁でした。

今回は、こうして神さまにお願い事を叶えていただいたお礼参りができたことへの、心からの感謝をお伝えしました。

さて、これがこの旅、最後のチャネリングとなります。

はじめてこの場所へ来た時には、なぜか自分の体が勝手にひれ伏してしまったほど、神さまが畏れ多い存在だと感じていましたが、この旅でたくさんの神さまと出合い関わったからでしょうか。そして、その間に私自身も変わったからでしょうか。以前と違って、最初から

優しさを感じることができました。

真夏の蒸し暑い日。心地よい涼風が拝殿を通り抜ける中、ご挨拶のあと、ただ静かに目をつぶっていました。

十分間ほどそうして静かに瞑想していたでしょうか。

この時もまた、その間に誰ひとりとして拝殿には入ってきませんでした。

そして瞑想が終わる頃を見計らったかのように、参拝のご家族が一組入ってきたので、「神さま、貴重な時間をありがとうございます」と心の中でお伝えしました。

今回、神さまから最後にいただいたのはこの言葉です。

神さま「在りし日と同じ言葉を捧げる」

以前聞いたあの低めの声で、はっきりとそう言われました。さらに続けて、
神さま「おのれを見極め、差し出されよ。ここに来たのはひとつの門をくぐったのと同じ。扉はすでに開いている。あとは神に任せよ」

というメッセージも続けて入りました。

最初にこの場所で聞いた言葉と同じで、やはり神さまはぶれていませんでした（笑）。

そしてビジョンでは、金と銀の二頭の龍が、天の高いところから降りてくる様子が見えたのでした。前よりもかなりの至近距離で、どこか親近感がありました。

私は、天河の神さまとしっかりご縁をむすぶことができたと感じていました。

境内の外に出て空を見上げると、眩しい太陽の日差しの中、パラパラとにわか雨が降ってきましたが、それは紛れもなく、天河神社の神さまからの祝福の雨だったのでした。

その五

アロマで神さまとご縁をつなごう

チャネリングとは

最後の章では、神さまとつながるアロマについてお伝えします。

はじめの章を読まれて、「アロマと神さま?」と不思議に思われたかもしれませんが、そう思われるのも当然です。なぜなら、私自身も、神さまとつながるためにアロマを使っていたわけではないからです。

でも、結果的に神さまとつながることができる手段として、アロマは大いに関係があったのだと思います。その理由をまとめてみましたので、興味がある方はぜひお読みください。

まず、改めて私の本職についてですが、現在、『AROMA VISION』(アロマビジョン)の代表として、アロマを使ったセルフケア講座や対面セッション、セラピスト育成などをさせていただいています。

対面セッションは、「サイキック・アロマ・リーディング」といって、アロマを使って、クライアントさまの使命や天命を読み取り、お伝えしています。クライアントさまの香りの反応、言動、体の状態、潜在意識、そして魂といったいろいろな角度から情報を読んでいき、必要なメッセージやアドバイスなどをお伝えしています。

リーディングとは、ひと言で言えば、相手の情報を読み取ることです。

私の場合は、リーディングと同時にチャネリングも行うときがありますが、それは神社巡りでも同じです。

たとえば、神社に神さまがおられない場合には、チャネリングからリーディングに切り替えて、その「場」や土地からリーディングで情報を読み取ることもありました。

ここで再度、チャネリングについて簡単に説明しますと、目に見えない存在（エネルギー）とテレパシーのようなやりとりで意思疎通を図ることです。言い換えれば、人と違う世界の存在（この場合は日本の神さま）の通訳をしている、とも言えます。

このチャネリングにとっても、アロマはとても有効です。アロマを感じることと神さまを感じることは、とても近いと言えるからです。


その理由を説明するなら、ラジオを想像していただければわかりやすいと思います。

ラジオの本体がみなさんの体で、アンテナが感覚器（五感）だとすると、まず本体が正常に動かなければ話になりません。そして、電波をとらえるアンテナが機能して、はじめてラジオを聞くことができますが、ラジオのアンテナが長くて性能がよければ、より多くの電波をキャッチすることができ、いろいろなチャンネルを楽しむことができます。

つまり、チャネリングは、五感とそれ以上の感覚を使って、いろいろなチャンネルに合わせてエネルギーを受信することを言うのですが、私の場合は、言ってみれば「日本の神さまチャンネル」にアンテナを合わせて、ラジオのリスナーのみなさまに楽しんでいただいているということでしょうか（笑）。

アロマで神さまとつながる理由

ラジオで音をきれいに聞くためには、まず、ラジオ本体の性能とアンテナの感度が重要です。ラジオ本体は人間で言えば「体」ということになり、体が健康で、アンテナの五感の感度がよく、六感以上の感覚が使えている、ということになります。

体が健康であるには、まずは血液がきれいかどうかが基本だと思います。

アロマが素晴らしいのは、血液をきれいにし、体を健康に近づけ、五感にアプローチすることができる性質があるということです。

さらに正確に言えば、五感のうち「嗅覚」と「触覚」にダイレクトにアプローチして、感性を開かせていくことができるのです。アロマとはアロマセラピーの略ですが、ここではわかりやすく、アロマ＝「精油」＝「植物の香り」という意味で使わせていただくことにします。

まず、アロマは香りなので目に見えませんが、その香りをキャッチできるのは、五感の中の嗅覚で、深く香っていくといわゆる「匂い」だけではなく、植物のエネルギーが感じられるようになります。

私が愛用しているアロマは、植物自体が生きたまま抽出されている命のあるアロマなので、粒子は大変細かく繊細で、中に植物のエネルギー（スピリット）が存在しています。

そして、その香りは高く昇り、神さまの存在する層にまで立ち昇っていきます。

ですので、そういったアロマの香りを深く感じることができるようになるということは、神さまのエネルギーもまた感じられるはずなのです。

これは私自身のチャネリング経験としても、植物の精霊と神さまとは近い次元に存在しているといえます。

ここまでの話をまとめると、ラジオのアンテナを感度よくするには、とにかく質のよいアロマを「香る」こと。そして、ラジオ本体の性能をよくするには、アロマを「体に取り入れる」ことになります。

少し補足しておくと、一般的に目で見えないものをキャッチするのは、第六感（またはそれ以上）とされていますが、第六感のベースとなるのはあくまでも五感ですから、やはり体と五感が健康でなければ、逆に低い周波数とつながってしまう可能性があります。

このように、目に見えない存在を感じるというのは、生まれつきの能力というよりも、体に眠った感性をどれくらい引き出したかの違いにすぎないことがおわかりいただけたかと思います。

ここからは、アロマを香り、取り入れるための活用法についてお伝えしていきます。

嗅覚アップのトレーニング

人の五感というのは、

「視覚」(目)
「聴覚」(耳)
「嗅覚」(鼻)
「味覚」(口)
「触覚」(皮膚)

を指しますが、その中でも、私たちがもっとも使っているのは「視覚」だといわれています。現代人は五感の中でも、七~八割を視覚に頼っているそうです。

では、逆にいちばん使われていないのはどこだと思いますか？

そうです。嗅覚です。

普段、鼻はほとんど使われておらず、みなさんが思う以上に退化してしまっています。鼻を使わない原因は、普段視覚に頼りすぎていることによりますが、確かに、ほとんどの人は外側の世界を目だけで感知していると思います。

ということは、目に映る文字や映像だけで、すべての情報を受け取っているということになります。この点だけでも、見えない情報（エネルギー）を感じることはとても難しいのです。

だとしたら、どうしたらいいのでしょうか？

そこでアロマの出番です。

まずは、目を閉じて、種類は何でもいいので、好きなアロマの香りを香ってみてください。アロマには木や花や果実の香りなどがあります。自然な植物の香りを香ることで、嗅覚はみるみるうちにアップしていくのです。

実際に外へ出て植物と触れ合ってもいいでしょう。森で森林浴するのもオススメの方法ですが、家の中にいても自然を感じられることが、アロマを使う最大のメリットでしょう。

私自身も、過去にいろいろなメーカーのアロマ（精油）を香ってきました。

そして、運命的に、市場に流通していない素晴らしいアロマに出合うことができました。

それは量産されていないため高価ですが、本物かどうかはネームバリューでは判断できないので、自分の鼻だけが頼りです。

鼻を磨くためには、なるべく普段から鼻を意識して生活することがオススメです。大切な感覚器である鼻に意識を向けるだけで、今までとは違う情報が入ってくるはずです。

最初にアロマの種類や名前を見ないで、ただ香ってみてください。香りを嗅ぐ前に視覚情報を入れてしまうと、知識や思考に左右されてしまいます。

ニュートラルに香るには、目からの情報を入れずに鼻だけを使うことです。

鼻をほとんど使っていないということは、むしろ、これからの伸びしろが大きいということです。人間が持つ本来の能力や、奇跡的な力が引き出される可能性があるのです。

アロマ・メディテーション

鼻を使って香りを嗅ぐトレーニングの次にオススメしたいのが、アロマをより深く香る「アロマ・メディテーション」（アロマ瞑想）です。

最近では「エリートほど瞑想する」と、メディアでもよく取り上げられていますが、ヨガなどの流行もあって、一般の人が瞑想をするのは当たり前になってきました。

それでも、まだよく耳にするのが、「瞑想がうまくできない」という声です。何か雑念が入ってしまったり、集中できなかったりする人は、次のアロマ瞑想を試してみましょう。

アロマ瞑想は、脳の中の「松果体」を鍛えることが第一の目的ですが、質の高いアロマの場合は、松果体がある間脳というところにまで香りが届くため、より早く深く瞑想状態に入ることができるのです。つまり、何も使わない瞑想よりも、アロマを使った方が簡単です。

肝心なのはアロマの質ですが、すでにお伝えしたように、アロマを選ぶには鼻だけが頼りです。鼻が利くようになれば、アロマの質が香りでわかりますし、アロマ以外でも直感が働くなど、あらゆる場面で「本物」を見抜けるようになります。

アロマ・メディテーションの方法は、まず、アロマを香りながら腹式呼吸をします。

この時から目は閉じ、背筋は伸ばして、体の中の空気を入れ替えるような気持ちで、フーッと息を吐ききったら、今度は口を閉じて、アロマを鼻だけで吸いながら、体の隅々にまで香りを届けるような気持ちで、何回か腹式呼吸を繰り返してください。

体がスッキリとしてきたら、次に全身をだらんと脱力させて楽にし、そのままアロマをじっくり深く香りましょう。深く香っていくと頭の中がからっぽになって、心地よい体感が起こります。この感覚はやってみないとわからないと思います。

このアロマ・メディテーションは五〜十分くらいからスタートするのがオススメです。深く香るようになると、三十分くらいはあっという間にたってしまうはずです。

アロマ・メディテーションは、ラジオの受信機としての感度が上がるだけでなく、その時に必要なインスピレーションも降りてきやすくなりますので、直感力を磨くためにも楽しんでやってみてくださいね。

アロマ・セルフケアとは

次に、アロマ・セルフケアで、触覚（皮膚）から体にアロマを取り入れていきましょう。

アロマを体に取り入れる（オイルを塗る）ことを、アロマ・トリートメントと言います。

これは、ホテルやリラクゼーションサロンなどで受けることができる施術のひとつです。

そしてこれが、アロマで体を健康に整えていくための方法でもあります。

私はこのアロマ・トリートメントを、セルフケアとして日常に取り入れることを提唱してきました。もちろん、自分でも十五年以上セルフケアを続けています。また、アロマビジョン講座参加者のみなさまの声など体験談を聞くにつけ、「体が変わると人生が変わる」ということを日々実感しています。

セルフケアは植物の力を借りながら自分の体と心に目を向け、どんな自分も受け入れることから始めます。植物の愛と慈悲に触れながら、自分自身を大切にしていく行為ですので、続けていくと内側から満たされていきます。

この「内側から」というのがとても大切なことです。周りの物では自分自身を本当に満たすことはできないからです。自分の外側に何かを求めていくと、もっともっとという状態になりますが、これが仏教でいう「餓鬼」を意味します。

「自分が」という我（エゴ）や、「自分に」という飢餓状態では、およそ神さまの愛とはつながりません。もちろん私たちは人間ですから、自分が満たされたいという欲はあっていいと思います。でも、それは自分も相手も周りも満たされて幸せであるという「自分も」ということなのです。

神さまはすべての人を受け入れていますが、そこから神さまとのご縁がつながれるのは、自分がいかに愛の状態にあるか、ということにかかってきます。

これは人間社会でも同じだと思います。自分のことしか考えていない人が、他人とうまくいくはずがありません。

ここまできておそらく感じていただけたと思いますが、神さまとご縁をむすぶには、自分の内に、同じく愛で満たされた「私」という神さまを見出すことなのです。

あとがき

日本全国の神さまとご縁をむすんだ、チャネリングの旅はいかがでしたか?

私にとってこの二年間に及ぶ神社巡りは、ハードでありながら本当に楽しく、愛に満ちた旅でした。

本業のかたわらとは思えない本気度で情熱を燃やした旅を、余すところなく、魂を込めて本にいたしました。

一緒に旅をしてくれた友人の協力と応援があってこそ生まれた宝物です。

読者の方々にとっても、この本が神さまの存在を身近に感じ、氏神さまなど、各地の神社に足を運ぶきっかけとなってもらえたら嬉しく思います。何より神さまのメッセージに励まされたり、癒されたり、元気になったり、感動したりして、心に灯す光となるように願っています。

私はこの旅で、日本の自然と、その自然に神を見出す古代日本人の感性がいかに素晴らしいものであったかがわかって感動しました。私たちが人と自然と神すべてに手を合わせ、愛と尊敬と感謝をもって生きる、それこそが本来の姿なのだと思います。

この旅を終えて、私自身も改めてそうありたいと感じました。

これで本書は終わりですが、もしかしたらこの先もまだまだ神社巡りの旅は続くかもしれません。この本を読んでくださった、神さまが大好きなあなたに、いつかお会いできたら嬉しいです。

神社でブツブツ独り言を言いながら、録音したりメモしたりしている私を見かけたら、ぜひ声をかけてくださいね（笑）。

最後になりますが、本を出版するにあたりご協力くださった関係者のみなさまはじめ、ライティングをお手伝いくださったさくら真理子さんに、この場を借りて厚くお礼申し上げます。

そして、スピリチュアルの視点を世に広め、多くの方々の目覚めに貢献し続けているナチュラルスピリットの今井代表に出会えたことに、心から感謝を申し上げます。

この本に光をあててくださり、本当にありがとうございます。

ここから、また数々の素晴らしいご縁が広がっていきますように。

齊藤帆乃花

【プロフィール】

齊藤帆乃花（Honoka Saitou）

東京在住。1972年1月11日生まれ。AROMA VISION 主宰。

20代前半、重度のアトピー性皮膚炎を発症し、アロマセラピーに出合う。

その後、メディカルアロマセラピスト・アロマカウンセラー・リフレクソロジスト・整体師などの学びを深め、西日本初のリフレクソロジーサロンに就職、店長を経て独立する。

27歳の時、デトックスで全身がやけど状態に腫れ上がった状態で臨死体験をし、この経験によってサイキック能力が開花すると同時に、エッセンシャルオイルの持つ力を確信する。

2013年、エッセンシャルオイルの香りからクライアントの天命・使命を読み取る、日本で唯一の「サイキックアロマリーディング」を確立。的確かつ心に深く響くセッションは口コミで広がり、国内のみならず海外からも依頼が絶えない。

現在は自身のアトピー性皮膚炎を完治し、数多くの体験談を持つ独自のセルフケアメソッド「アロマビジョン講座」を全国で展開、後進の育成にも力を入れている。

AROMA VISION　https://aroma-vision.com/

神さまと縁むすび！

●

2019年7月7日　初版発行

著者／齊藤帆乃花

取材・文／さくら真理子
カバー・本文イラスト／堀尾 恵
装幀／斉藤久美
編集／村山久美子
本文デザイン・DTP ／山中 央

発行者／今井博揮

発行所／株式会社ナチュラルスピリット
〒101-0051 東京都千代田区神田神保町 3-2　高橋ビル2階
TEL 03-6450-5938　FAX 03-6450-5978
E-mail　info@naturalspirit.co.jp
ホームページ　http://www.naturalspirit.co.jp/

印刷所／モリモト印刷株式会社

ISBN978-4-86451-309-8　C0014
落丁・乱丁の場合はお取り替えいたします。
定価はカバーに表示してあります。